Visual C++ 6.0으로 구현한

정전기학과 기하광학

최행진 지음

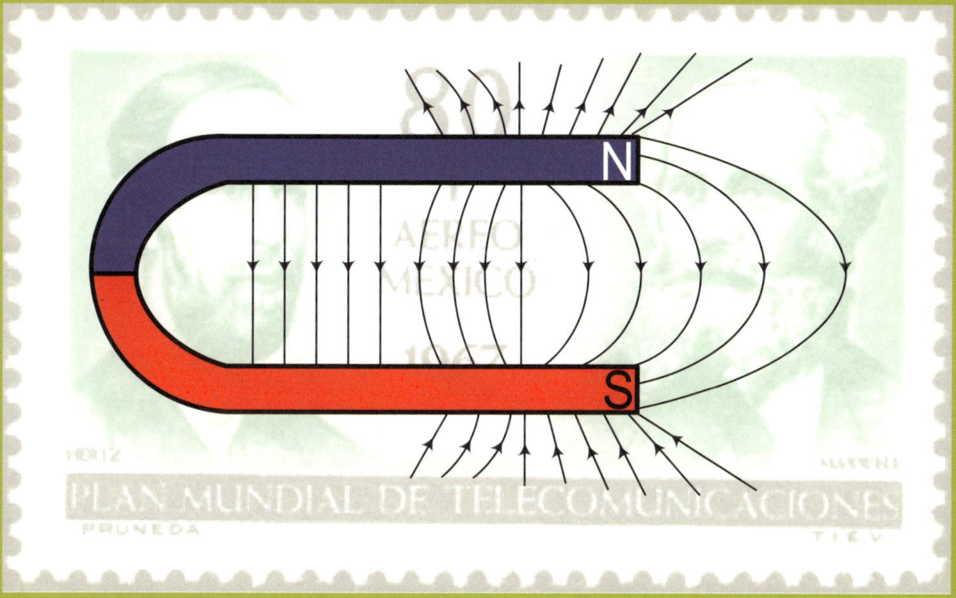

教友社

시작하는 말

이 책은 필자가 얼마 전에 출간한 'Visual C++ 6.0 으로 구현한 전산물리학'의 연장선상에 있다. 넓게 보면, 두 책의 내용 모두 전산물리학에 속한다고 할 수 있다. 하지만 두 책을 하나의 책으로 묶기에는 무리일 정도로 두 책 사이에는 상당히 다른 점이 존재한다.

내용상 가장 큰 차이는 두 책에서 다루는 분야가 다르다는 것이다. 이 책에서는 靜電氣學(정전기학) 과 幾何光學(기하광학)을 다룬다. 반면에 'Visual C++ 6.0 으로 구현한 전산물리학'은 古典力學(고전역학)이 중심이다. 두 책에서 다루는 세부분야가 서로 다르다는 것이 별도의 책으로 제작한 이유는 아니다. 소프트웨어 측면에서 두 책의 성격이 많이 다르다. 'Visual C++ 6.0 으로 구현한 전산물리학'은 오로지 Visual C++ 6.0 컴파일러만 활용했지만, 이번에는 프로그램 작성시의 수고를 다소 줄이기 위해 Mathematica 의 도움을 받았다. 구체적으로 어떤 도움을 받았는지를 지금 설명할 수는 없다. 책을 읽다보면 Mathematica 의 역할을 곧 알 수 있게 된다.

이 책에 실린 프로그램들의 소스 코드는 교우사의 누리집에서 다운로드받을 수 있다.

필자의 프로그램보다 더 좋은 프로그램을 만들 수 있는 독자는 필자에게 그 비법을 알려주면 좋겠다. 만약 더 좋은 점이 있다면 다음 개정판에 반영할 것이다. 필자의 전자우편 주소는 eupjeong@gmail.com 이다.

목차

전 자 기 학

1 電磁氣學(Electromagnetism)의 기본이론

정 전 기 학

1.1 靜電氣學(Electrostatics)

정전기학 또는 정전기마당(electrostatic field)은 아래의 세 가지

(1) 모든 전하(charge)는 공간적으로 고정되어 있다.
(2) 모든 전하밀도는 시간에 따라 변하지 않는다.
(3) 전하는 전기마당(electric field)의 원천(source)이다.

를 가정한다. 즉 정전기마당은 시간에 따라 변하지 않는 전하분포에 의해 생기는 전기마당이다.

독자는 전자기학 강의 시간에 정전기학 분야를 배웠을 때 임의의 점에서의 전위(electric potential), 임의의 점에서의 전기마당의 세기(electric field intensity), 전하 상호간에 작용하는 힘(force), 전기마당 내에 축적되어 있는 에너지 등을 구하려고 했을 것이다. 이 책에서 필자와 독자들은 전위와 전기마당벡터(electric field vector)를 프로그램으로 구현하여 볼 것이다.

정 자 기 학

1.2 靜磁氣學(Magnetostatics)

전자기학(electromagnetism)에서 정전기학(electrostatics)은 정지해 있는 전하들간의 관계를 다루는 분야이다. 전자기학(electromagnetism)에서 정전기학 다음으로 다루는

분야는 정자기학(magnetostatics)이다. 정자기학은 일정한 평균속도로 움직이는 전하들 사이의 힘과 관련이 있다.

전하의 흐름을 전류(current)라고 한다. 정자기학에서 다루는 전류는 흐름의 속도가 변하지 않는 정상전류(stationary current)이다.

정자기마당을 배울 때 독자는 자기선속(magnetic flux), 자기선속밀도(magnetic flux density), 자기마당의 세기 등을 구하려고 했을 것이다. 이 책에서 정자기마당은 프로그램으로 구현하지 않는다.

1.3 헬름홀쯔 정리(Helmholtz Theorem)

헬름홀쯔 정리는 어떤 유한영역 안의 모든 점에서 벡터마당(field of vector)의 발산(divergence)과 회전(curl)을 알면 벡터마당을 유일하게 결정할 수 있다는 것을 말한다.

벡터마당 $\mathbf{F} = \mathbf{F}(x, y, z) = \mathbf{F}(\mathbf{r})$에 대해서 발산 $\nabla \cdot \mathbf{F} = b(\mathbf{r})$과 회전 $\nabla \times \mathbf{F} = \mathbf{c}(\mathbf{r})$이 유한영역 V 내부의 모든 점에서 위치의 함수로 알려져 있다고 하자. 이 때 두 함수

$$\Phi(\mathbf{r}) = \frac{1}{4\pi}\int_V \frac{b(\mathbf{r}')d\tau'}{|\mathbf{r} - \mathbf{r}'|}, \qquad [1]$$

$$\mathbf{A}(\mathbf{r}) = \frac{1}{4\pi}\int_V \frac{\mathbf{c}(\mathbf{r})d\tau'}{|\mathbf{r} - \mathbf{r}'|} \qquad [2]$$

를 정의하면, $\mathbf{F}(\mathbf{r})$를

$$\mathbf{F}(\mathbf{r}) = -\nabla\Phi(\mathbf{r}) + \nabla \times \mathbf{A}(\mathbf{r})$$

처럼 [1]과 [2]으로 나타낼 수 있다는 것이 헬름홀쯔 정리이다. 여기에서 $|\mathbf{r} - \mathbf{r}'|$은 상대위치벡터의 크기이다.

$\Phi(\mathbf{r})$와 $\mathbf{A}(\mathbf{r})$로부터 $\mathbf{F}(\mathbf{r})$이 구해지기 때문에, $\nabla\Phi(\mathbf{r})$와 $\nabla\times\mathbf{A}(\mathbf{r})$를 마당의 샘(source)이라고 한다. 그리고, $\mathbf{F}(\mathbf{r})$를 계산한 위치 $\mathbf{r}$을 마당의 점이라고 하며, 적분을 할 목적으로 샘이 계산된 위치 $\mathbf{r}'$을 샘의 점이라고 한다. $d\tau'$은 샘의 점이 있는 부피요소(volume element)이다.

위 식의 미분은 마당의 점에 대한 것이다. $\Phi(\mathbf{r})$와 $\mathbf{A}(\mathbf{r})$를 미분하여 $\mathbf{F}(\mathbf{r})$를 얻으므로, 각각 스칼라퍼텐셜(scalar potential), 벡터퍼텐셜(vector potential)이라고 한다.

샘이 무한대에 있어서 유한영역 내에 있지 않으면 헬름홀쯔 정리는 성립하지 않는다.

마지막으로 발산은 전하의 샘이고, 회전은 전류의 샘이라는 사실을 알아두어라.

1.4 마당의 분류

벡터마당(field of vector)의 발산과 회전은 서로 독립인 연산이다. 그러므로, 두 가지 중 하나만으로는 벡터마당을 완전히 기술할 수 없다. 전자기학에서 공부하는 마당은 다음의 4 가지 중 어느 한 가지에 속한다. 문제를 풀고자 하는 마당이 4 가지 중 어디에 속하는지 아는 것은 중요하다. 왜냐하면 그것은 문제를 푸는 과정을 알려주기 때문이다.

1.4.1 제 1 종 마당

벡터마당 $\mathbf{F}(\mathbf{r})$이 영역 내의 모든 점에서

$$\nabla\cdot\mathbf{F}(\mathbf{r}) = 0, \qquad [3]$$

$$\nabla\times\mathbf{F}(\mathbf{r}) = 0$$

을 만족하면 제 1 종 마당이다.

그런데 벡터의 회전이 **0**이면, 이 벡터는

$$\mathbf{F}(\mathbf{r}) = -\boldsymbol{\nabla}\Phi(\mathbf{r}) \qquad [4]$$

와 같이 스칼라함수의 기울기(gradient)로 표현할 수 있다.

위 식을 [3]에 대입하면

$$\boldsymbol{\nabla}\cdot\big(-\boldsymbol{\nabla}\Phi(\mathbf{r})\big) = 0,$$

$$\therefore \quad \boldsymbol{\nabla}^2\Phi(\mathbf{r}) = 0$$

을 얻는다. 이 방정식은 라플라스 방정식(Laplace equation)이다.

결론적으로 제 1 종 마당 문제는 영역의 경계에서의 조건을 만족시키는 라플라스 방정식을 푸는 것이다. 스칼라함수 Φ를 구하게 되면 벡터마당 **F(r)**은 [4]으로부터 구할 수 있다.

전하가 존재하지 않는 영역의 정전기마당(electrostatic field)이나 전류가 없는 영역의 자기마당(magnetic field)은 제 1 종 마당에 속한다.

1.4.2 제 2 종 마당

벡터마당 **F(r)**이 영역 내의 모든 점에서

$$\boldsymbol{\nabla}\cdot\mathbf{F}(\mathbf{r}) \neq 0, \qquad [5]$$

$$\boldsymbol{\nabla}\times\mathbf{F}(\mathbf{r}) = \mathbf{0}$$

을 만족하면 제 2 종 마당이다. 벡터마당의 회전이 **0**인 사실은 제 1 종 마당과 같으나, 벡터마당의 발산이 0이 아니라는 사실은 제 1 종 마당과 다르다.

벡터마당의 회전이 **0**이므로

$$\mathbf{F}(\mathbf{r}) = -\nabla\Phi(\mathbf{r}) \tag{6}$$

처럼 나타낼 수 있다.

위의 식을 [5]에 대입하면

$$\nabla\cdot\left(-\nabla\Phi(\mathbf{r})\right) \neq 0,$$

$$\therefore \quad \nabla^2\Phi(\mathbf{r}) = C$$

을 얻는다. 여기에서 C는 0 이 아닌 함수이다. 이 방정식은 푸아송 방정식(Poisson equation)이다.

결론적으로 제 2 종 마당 문제는 영역의 경계에서의 조건을 만족시키는 푸아송 방정식을 푸는 것이다. 스칼라함수 Φ를 구하게 되면 벡터마당 $\mathbf{F}(\mathbf{r})$은 [6]으로부터 구할 수 있다.

전하가 존재하는 영역의 정전기마당(electrostatic field)은 제 2 종 마당에 속한다.

1.4.3 제 3 종 마당

벡터마당 $\mathbf{F}(\mathbf{r})$이 영역 내의 모든 점에서

$$\nabla\cdot\mathbf{F}(\mathbf{r}) = 0,$$

$$\nabla\times\mathbf{F}(\mathbf{r}) \neq \mathbf{0} \tag{7}$$

을 만족하면 제 3 종 마당이다. 벡터마당의 발산이 0 인 사실은 제 1 종 마당과 같으나, 벡터마당의 회전이 **0**이 아니라는 사실은 제 1 종 마당과 다르다.

그런데 벡터의 발산이 0 이면 이 벡터는

$$\mathbf{F}(\mathbf{r}) = \nabla\times\mathbf{A}(\mathbf{r}) \tag{8}$$

과 같이 다른 벡터의 회전으로 표현할 수 있다.

위 식을 [7]에 대입하면

$$\nabla \times \left(\nabla \times \mathbf{A}(\mathbf{r})\right) = \mathbf{C}(\mathbf{r}),$$

$$\therefore \quad \nabla(\nabla \cdot \mathbf{A}) - \nabla^2 \mathbf{A} = \mathbf{C}(\mathbf{r})$$

을 얻는다. 여기에서 $\mathbf{C}(\mathbf{r})$는 $\mathbf{0}$이 아닌 벡터이다.

헬름홀쯔 정리(helmholtz theorem)에 의하여, $\mathbf{A}(\mathbf{r})$가 유일한 벡터마당이 되기 위해서는 $\mathbf{A}(\mathbf{r})$의 발산이 정의되어야 한다. 특히

$$\nabla \cdot \mathbf{A}(\mathbf{r}) = 0$$

이라는 조건을 붙이면

$$\nabla^2 \mathbf{A}(\mathbf{r}) = -\mathbf{C}(\mathbf{r})$$

을 얻는다. 이것은 푸아송 벡터방정식이다.

결론적으로 제 3 종 마당 문제는 영역의 경계에서의 조건을 만족시키는 푸아송 벡터방정식을 푸는 것이다. $\mathbf{A}(\mathbf{r})$를 구하게 되면 벡터마당 $\mathbf{F}(\mathbf{r})$는 [8]으로부터 구할 수 있다.

1.4.4 제 4 종 마당

벡터마당 $\mathbf{F}(\mathbf{r})$이 영역 내의 모든 점에서

$$\nabla \cdot \mathbf{F}(\mathbf{r}) \neq 0,$$

$$\nabla \times \mathbf{F}(\mathbf{r}) \neq \mathbf{0}$$

을 만족하면 제 4 종 마당이다.

다행스럽게(?)도 제 4 종 벡터마당 $\mathbf{F}(\mathbf{r})$은

$$\mathbf{F}(\mathbf{r}) = \mathbf{G}(\mathbf{r}) + \mathbf{H}(\mathbf{r}) \qquad [9]$$

와 같이 제 3 종 벡터마당 $\mathbf{G}(\mathbf{r})$과 제 2 종 벡터마당 $\mathbf{H}(\mathbf{r})$의 합으로 쓸 수 있다.

$\mathbf{G}(\mathbf{r})$은 제 3 종 마당이므로

$$\mathbf{G}(\mathbf{r}) = \nabla \times \mathbf{A}(\mathbf{r})$$

이고, $\mathbf{H}(\mathbf{r})$은 제 2 종 마당이므로

$$\mathbf{H}(\mathbf{r}) = -\nabla\Phi(\mathbf{r})$$

이다.

위의 두 식을 [9]에 대입하면,

$$\mathbf{F}(\mathbf{r}) = \nabla \times \mathbf{A}(\mathbf{r}) - \nabla\Phi(\mathbf{r})$$

을 얻는다.

1.5 스칼라퍼텐셜을 엄밀하게 정의

참고삼아 스칼라퍼텐셜을 수학적으로 엄밀하게 정의해 볼 것이다. 모르는 용어가 나오면 이 부분을 건너뛰어도 좋다.

먼저 단일연결영역(simply connected region)을 정의하자.

어떤 영역 D이 단일연결(simply connected)이라 함은, 만약 D에 있는 모든 단순폐곡선(simple closed curve)이 오직 D의 점들만 에워쌀 때, 영역 D을 말한다.

보기를 들어 원환(annulus)이나 원환면(torus)은 단일연결영역이 아니다. 원의 내부는 단일연결영역이다. 만약 이러한 원의 내부에 있는 점 하나만을 제거해도 이 원의 내부는 더 이상 단일연결영역이 아니다.

그렇다면 현재 상황에서 우리는 단순폐곡선이 무엇인지 의문을 가져야 한다.

단순폐곡선은 자기교차(self-intersection)를 가지지 않는 폐곡선(closed curve)을 말한다.

이제 스칼라퍼텐셜을 정의하자.

주어진 단순연결영역에서 힘이 $\mathbf{F} = -\nabla\Phi$과 같이 어떤 스칼라함수의 음의 기울기로 표현될 때, 우리는 Φ를 스칼라퍼텐셜이라고 부른다.

2 등전위선(Equipotential Line)과 전기마당의 역선

2.1 이론

정전기학은 쿨롱의 법칙(Coulomb's law)에 기초를 두고 있다.

정전기(static electricity)는 정지해 있는 전기를 말한다. 정전기는 두 물체간의 마찰, 물체의 변형 등에 의하여 발생한다. 도체와 부도체에서 모두 발생하는데, 도체의 경우 접지를 하면 정전기를 쉽게 제거할 수 있다. 그러나 부도체의 경우, 대전되면 정전기를 제거하기가 어렵다.

정전기는 습한 여름철에는 별로 발생하지 않고 건조한 겨울에 자주 발생한다. 습한 날에는 공기 중의 수증기가 전기를 흡수하기 때문이다. 겨울철에 머리를 빗어도 원하는 대로 모양이 잘 나오지 않는 것은 머리카락이 같은 전하로 대전되어 척력이 작용하기 때문이다. 또한 여러분은 털옷을 벗다가 정전기 현상을 자주 경험해 보았을 것이다.

쿨롱(Charles Augustin de Coulomb)은 프랑스 태생의 토목학자·물리학자이다. 1784 년 비틀림저울(torsion balance)을 제작하였는데, 이것을 이용한 실험을 통하여 쿨롱의 법칙을 발견하였다.

그럼 쿨롱의 법칙을 본격적으로 공부하여 보자.

전하(charge)를 나타내는 기호로 q를 사용하자. 아래의 그림

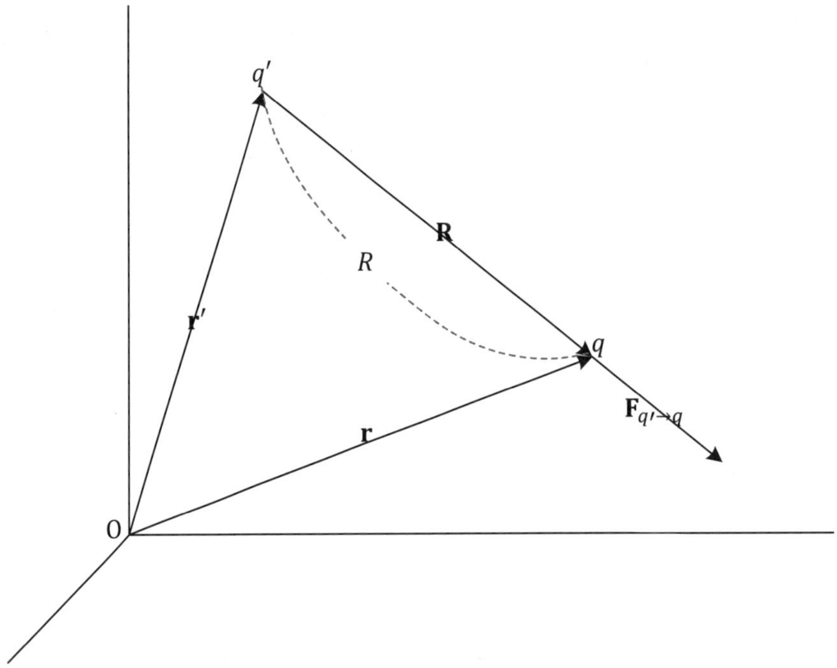

에 나타낸 것처럼 쿨롱의 법칙은 R만큼 떨어져 있는 두 점전하(point charges) 사이의 힘을 나타내는 법칙이다. 단, 전하들은 진공(vacuum) 속에 놓여 있다고 가정한다.

q'이 q에 가하는 힘을 $\mathbf{F}_{q'\to q}$으로 표기하자. 즉 q'은 힘의 근원, 즉 샘(source)이다. 또한 q'이 놓여 있는 위치 $\mathbf{r}'$을 샘의 점이라 하고 q가 놓여 있는 위치 $\mathbf{r}$를 마당의 점이라고 한다.

이것들을 이용하면 쿨롱의 법칙은

$$\mathbf{F}_{q'\to q} = \frac{1}{4\pi\varepsilon_0}\frac{qq'}{R^2}\hat{\mathbf{R}} \qquad [10]$$

으로 표시된다. 이 공식에서 알 수 있듯이, 힘의 크기는 전하량의 곱에 비례하고 전하 사이의 거리의 제곱에 반비례한다.

비례상수 $\frac{1}{4\pi\varepsilon_0}$는 어떤 단위계(system of unit)를 사용하느냐에 따라 그 값이 달라진

다. 국제단위계(SI[1])를 사용하면

$$\frac{1}{4\pi\varepsilon_0} \cong 8.98755 \times 10^9 \,{}^{\mathrm{m}}/_{\mathrm{F}}$$

이다. 여기에서 ε_0는

$$\varepsilon_0 = 8.85 \times 10^{-12} \,{}^{\mathrm{C}^2}/_{\mathrm{Nm}^2} = 8.85 \times 10^{-12} \,{}^{\mathrm{F}}/_{\mathrm{m}}$$

이며, 자유공간의 유전율(permittivity of free space)이라고 부른다.

[10]에서 두 전하의 부호가 같으면 힘은 척력이 되고, 전하의 부호가 다르면 힘은 인력이 된다. 즉 같은 부호의 전하들은 서로 밀어내고, 다른 부호의 전하들은 서로 당긴다.

한 가지 주의할 사항이 있다. 지금까지의 논의에서는 전하가 고정되어 있는 정적인 상태를 가정하였으므로, 어떤 역학적인 힘 $\mathbf{F}_{q,m}$이 있어 전하 q가 평형상태에 있다고 해야 한다. 식으로 표현하면

$$\mathbf{F}_{q' \to q} + \mathbf{F}_{q,m} = \mathbf{0}$$

이다.

q'에 대해서도 마찬가지이다.

이제 q 이외에 N개의 점전하가 고정된 위치에 분포되어 있다고 하자. 각 전하를 q_i으로 표기하자. 이 상황이 아래의 그림

1 system of international unit

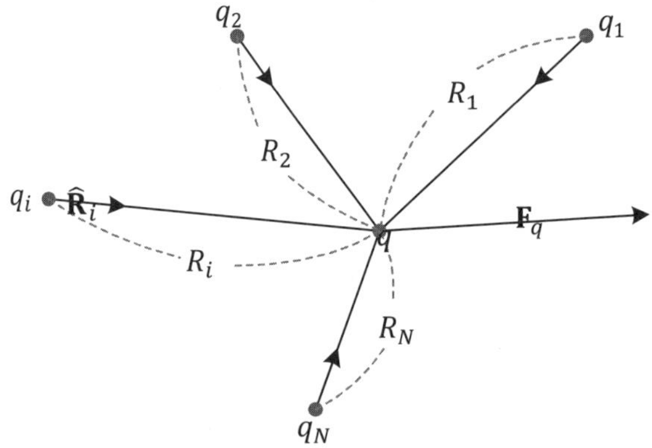

에 나타나 있다. 여기에서 단위벡터(unit vector) $\widehat{\mathbf{R}}_i$는 q_i에 대한 q의 상대위치를 나타낸다.

이들 각각의 전하는 q에 힘을 가한다. q에 가해지는 힘은

$$\mathbf{F}_q = \sum_{i=1}^{N} \mathbf{F}_{q_i \to q} = \sum_{i=1}^{N} \frac{1}{4\pi\varepsilon_0} \frac{q q_i}{{R_i}^2} \widehat{\mathbf{R}}_i$$

이다. 여기에서 $\mathbf{R}_i = \mathbf{r} - \mathbf{r}_i$이다.

쿨롱의 법칙은 10^{-14}m 정도 떨어져 있는 두 전하에 대해서 성립함이 증명되었다. 거리가 10^{-14}m보다 줄어들면 핵력(nuclear force)이 전기력(electric force)보다 강해진다.

스칼라퍼텐셜(scalar potential) 또는 정전기퍼텐셜(electrostatic potential)은

$$\phi(\mathbf{r}) = \sum_{i=1}^{N} \frac{q_i}{4\pi\varepsilon_0 R_i}$$

와 같이 정의된다. 여기에서 $R_i = |\mathbf{r} - \mathbf{r}_i|$이다.

만약 모든 양이 직각좌표(rectangular coordinates)로 주어지면 위의 식은

$$\phi(\mathbf{r}) = \phi(x,y,z) = \sum_{i=1}^{N} \frac{q_i}{4\pi\varepsilon_0\sqrt{(x-x_i)^2+(y-y_i)^2+(z-z_i)^2}}$$

으로 된다.

샘전하가 연속적으로 분포되어 있으면 스칼라퍼텐셜은

$$\phi(\mathbf{r}) = \frac{1}{4\pi\varepsilon_0}\int_{V'} \frac{\rho(\mathbf{r}')d\tau'}{R}, \quad \phi(\mathbf{r}) = \frac{1}{4\pi\varepsilon_0}\int_{S'} \frac{\sigma(\mathbf{r}')da'}{R}, \quad \phi(\mathbf{r}) = \frac{1}{4\pi\varepsilon_0}\int_{L'} \frac{\lambda(\mathbf{r}')ds'}{R}$$

으로 된다. 3 개의 식이 나오는데 각각은 샘전하를 포함하는 모든 부피, 곡면, 선분에 대해 적분을 수행한 것이다. 그런데 전하가 없는 곳의 전하밀도는 0 이므로, 사실상 전 공간에 대하여 적분을 하는 것이라고 말할 수 있다.

스칼라퍼텐셜이 일정한 곡면을 등전위면(equipotential surface)이라고 한다.

아래의 그림

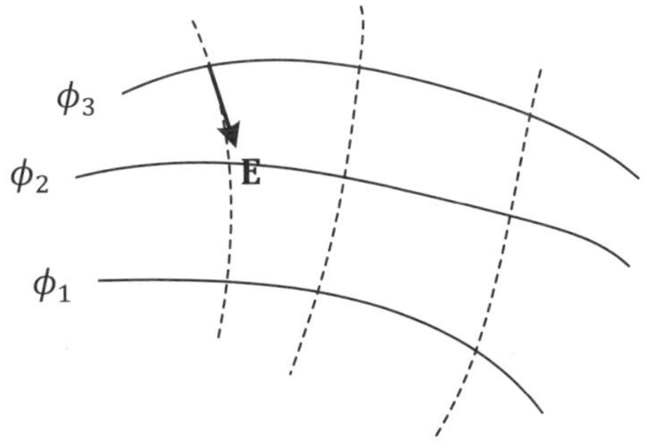

은 $\phi_3 > \phi_2 > \phi_1$인 경우에 전기마당(electric field)의 방향을 점선으로, 등전위선을 실선으로 나타낸 것이다. 각 점에서 전기마당의 방향에 접하는 선을 역선(line of force) 또는 전기마당의 역선이라고 한다.

역선을 그릴 때에는 전기마당의 크기가 큰 곳의 선의 밀도를 높게 한다.

그러면 단일 점전하 q가 $\mathbf{r}'$에 있는 경우에 등전위선이 어떻게 되는지 알아보자.

이 경우에 전위는

$$\phi(\mathbf{r}) = \frac{q}{4\pi\varepsilon_0 R}$$

이다.

아래의 그림

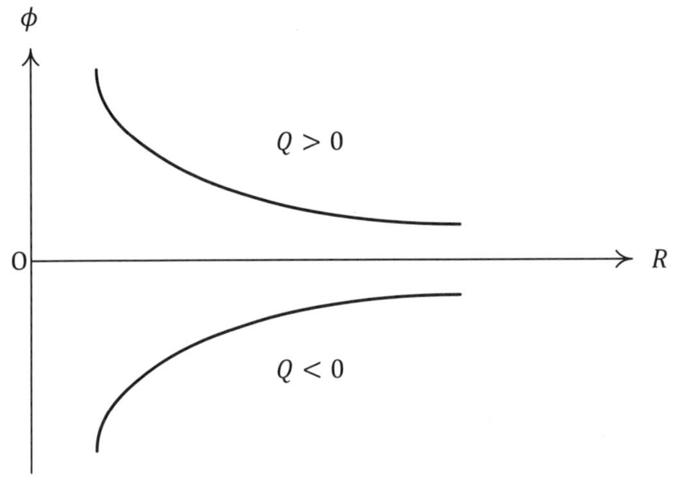

은 전위를 점전하에서의 거리의 함수로 나타낸 것이다.

등전위면은 위의 식을 R에 대해서 풀면 얻을 수 있다. 그 결과는

$$R = \frac{q}{4\pi\varepsilon_0 \phi(\mathbf{r})}$$

이다. 등전위면은 R이 상수인, 즉 전하를 중심으로 하고 속이 비어 있는 공(sphere)이 된다.

양전하(positive electric charge)에 대해서 $\phi_3 > \phi_2 > \phi_1$인 경우의 등전위면을 그림으로 나타내어 보면

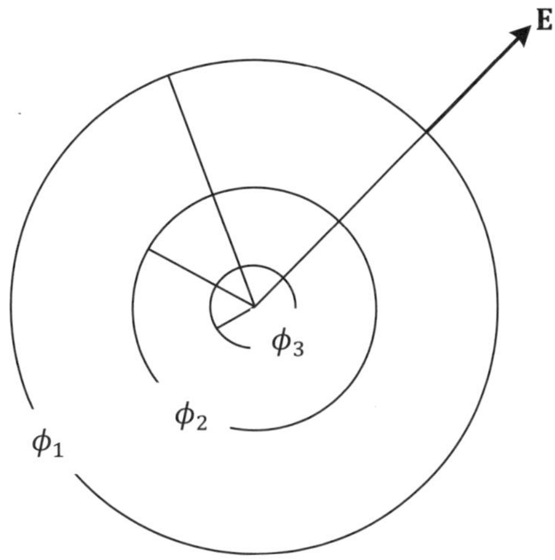

과 같다.

2.2 단일 점전하

2.2.1 이론

기본적으로 모니터 화면 좌표계에서는 화면의 좌상단 모서리가 원점(origin)이다. 이 점에서 우측으로 이동하면 x 값이 증가하고, 아래로 이동하면 y 값이 증가한다. 즉 화면 좌표계는 우리가 일반적으로 사용하는 수학적·물리적 좌표계와 다른 면이 있다. 화면 좌표계의 이러한 기본 설정을 바꾸는 code fragment 는

```
CRect rect;
pDC->SetMapMode(MM_LOMETRIC);
GetClientRect(&rect);
pDC->SetViewportOrg(rect.Width()/2, rect.Height()/2);
```

이다.

SetMapMode 함수는 매핑 모드를 설정하는 함수이다. 매핑 모드를 어떤 걸로 설정하느냐에 따라서, 논리 단위(logical units)를 장치 단위(device units)로 변환하는 데에 사용되는 척도 단위(the unit of measure)와 장치의 x 축과 y 축의 orientation 이 결정된다. GDI 는 논리 좌표를 적절한 장치 좌표로 변환하기 위해 매핑 모드를 사용한다. SetMapMode 함수의 원형은

```
virtual int SetMapMode( int nMapMode );
```

이다.

새로운 매핑 모드를 지정하는 nMapMode parameter 에는

parameter	논리 단위	좌표축의 증가 방향	
		x 축	y 축
MM_HIENGLISH	0.001inch	오른쪽	위
MM_HIMETRIC	0.01mm	오른쪽	위
MM_LOENGLISH	0.01inch	오른쪽	위
MM_LOMETRIC	0.1mm	오른쪽	위
MM_TEXT	화소	오른쪽	아래
MM_TWIPS	$\frac{1}{1440}$inch	오른쪽	위
MM_ISOTROPIC	임의	선택 가능	선택 가능
MM_ANISOTROPIC	임의	선택 가능	선택 가능

와 같이 여덟 가지가 올 수 있다.

default 매핑 모드는 MM_TEXT 이다. 그런데 이 모드는 커다란 단점을 가지고 있다. 보기를 들어 MM_TEXT 모드로 설정하여 동일한 모니터에서 456X123 화소의 사각형을 출력한다고 하자. 이때 모니터에 출력되는 사각형의 크기가 화면 해상도에 따라 다르게 된다. 물론 우리는 이런 문제점을 아주 간단하게 해결할 수 있다. MM_HIENGLISH, MM_HIMETRIC, MM_LOENGLISH 와 같이 단위가 inch 이거나 mm 인 매핑 모드를 사용하면 된다.

매핑 모드를 설정하였으면 화면 상의 적절한 위치에 원점을 정한다. 이 기능을 하는 함수는 SetViewportOrg 이다.

SetViewportOrg 함수는 장치 컨텍스트(device context)의 뷰포트 원점을 설정한다. 원형으로는

```
virtual CPoint SetViewportOrg( int x, int y );
virtual CPoint SetViewportOrg( POINT point );
```

가 가능한데, 우리는 첫번째를 사용할 것이다. x parameter 는 뷰포트의 원점의 x 좌표를 지정하고, y parameter 는 뷰포트의 원점의 y 좌표를 지정한다. x parameter 와 y parameter 의 값들은 장치 좌표계의 범위 이내여야 한다.

좌표 (0,0)에 7nC 의 점전하 하나가 있을 경우를 구현하여 보자.

이 경우에 전위는

$$\phi(\mathbf{r}) = \frac{q}{4\pi\varepsilon_0 R} = 8.98755 \times 10^9\ {}^{\mathrm{m}}\!/_{\mathrm{F}} \frac{7\mathrm{nC}}{R} = \frac{62.9129\mathrm{Vm}}{R}$$

가 된다. 전위는 점전하로부터 멀어질수록 작아진다. 전위가 최대인 지점은 점전하가 위치하고 있는 화소와 곧바로 인접해 있는 화소이다. 인접해 있는 두 화소 사이의 거리를 1m 라고 하자. 그러면 전위의 최댓값은 $R = 1\mathrm{m}$일 때 62.9129V 이고, 최솟값은 그림을 그리고자 하는 영역의 꼭지점 $(1920, -1200)$에서

$$\phi = \frac{62.9129\mathrm{Vm}}{\sqrt{(1920\mathrm{m})^2 + (-1200\mathrm{m})^2}} = 0.0000122723\mathrm{V}$$

이다.

다음으로 최댓값에서 시작하여 최솟값까지 적당한 전위 간격으로 등전위선을 그린

다. 이것은 여러 가지 값에 대하여 일일이 실행해 보고 적당한 값을 찾아야 할 것이다.

또한 어떤 전위값에 대해 등전위선을 그릴 때, 이 값을 기준으로 적당한 값을 더해주고 뺀 값의 범위 내에 있는 값들을 모두 하나의 전위값으로 취급해야 한다. 왜냐하면 우리가 등전위선을 그리고자 하는 컴퓨터 모니터는 자연수로 된 점의 좌표를 가지고 있기 때문이다. 결코 이상적인 등전위선을 그릴 수는 없는 것이다. 더해 주고 빼주는 값을 구하는 것도 역시 여러 번 시행착오를 거쳐야 할 것이다. 이 값을 너무 크게 잡으면 등전위선이 굵어지게 된다.

실행 결과가 금방금방 나오는 게 아니라서 시간 측정용 코드를 삽입했다.

2.2.2 소스 코드

```
// 단일 점전하View.cpp : implementation of the CMyView class
//

#include "stdafx.h"
#include "단일 점전하.h"

#include "단일 점전하Doc.h"
#include "단일 점전하View.h"

#include <math.h>

double phi[3841][2401];
double potential(double x, double y, double xPrime, double yPrime, double charge);

#ifdef _DEBUG
#define new DEBUG_NEW
#undef THIS_FILE
static char THIS_FILE[] = __FILE__;
#endif
```

```
/////////////////////////////////////////////////////////////////////////////
// CMyView

IMPLEMENT_DYNCREATE(CMyView, CView)

BEGIN_MESSAGE_MAP(CMyView, CView)
	//{{AFX_MSG_MAP(CMyView)
		// NOTE - the ClassWizard will add and remove mapping macros here.
		//    DO NOT EDIT what you see in these blocks of generated code!
	//}}AFX_MSG_MAP
	// Standard printing commands
	ON_COMMAND(ID_FILE_PRINT, CView::OnFilePrint)
	ON_COMMAND(ID_FILE_PRINT_DIRECT, CView::OnFilePrint)
	ON_COMMAND(ID_FILE_PRINT_PREVIEW, CView::OnFilePrintPreview)
END_MESSAGE_MAP()
/////////////////////////////////////////////////////////////////////////////
// CMyView construction/destruction

CMyView::CMyView()
{
	// TODO: add construction code here

}

CMyView::~CMyView()
{
}

BOOL CMyView::PreCreateWindow(CREATESTRUCT& cs)
{
	// TODO: Modify the Window class or styles here by modifying
	//  the CREATESTRUCT cs

	return CView::PreCreateWindow(cs);
}

/////////////////////////////////////////////////////////////////////////////
// CMyView drawing
```

```
void CMyView::OnDraw(CDC* pDC)
{
    CMyDoc* pDoc = GetDocument();
    ASSERT_VALID(pDoc);

    clock_t start, finish;
    double y, x;
    double xPrime=0.0, yPrime=0.0, charge=7E-9;
    double interval, max=62.9129, min=0.0000122723;
    double duration;
    char str[100];

    CRect rect;
    pDC->SetMapMode(MM_LOMETRIC);
    GetClientRect(&rect);
    pDC->SetViewportOrg(rect.Width()/2, rect.Height()/2);

    CPen myPen(PS_SOLID, 5, RGB(0,0,0));
    CPen* pOldPen = pDC->SelectObject(&myPen);
    pDC->Rectangle(-1921, -1201, 1921, 1201);
    pDC->MoveTo( int(xPrime)-20, int(yPrime) );
    pDC->LineTo( int(xPrime)+20, int(yPrime) );
    pDC->MoveTo( int(xPrime), int(yPrime)-20 );
    pDC->LineTo( int(xPrime), int(yPrime)+20 );
    pDC->SelectObject(pOldPen);

    start = clock();

    for (y=-1200.0; y<1201.0; y++)
        for (x=-1920.0; x<1921.0; x++)
        {
            if ( (x==xPrime)&&(y==yPrime) )
                break;

            phi[int(x)+1920][int(y)+1200] = potential( x, y, xPrime, yPrime, charge );
        }
```

```
    for (interval=max; interval>=min; interval-=(max-min)/1100.0)
        for (y=-1200.0; y<1201.0; y++)
            for (x=-1920.0; x<1921.0; x++)
            {
                if ( (x==xPrime)&&(y==yPrime) )
                    break;

                if ( (phi[int(x)+1920][int(y)+1200]>interval-(max-min)/192000.0)
                  && (phi[int(x)+1920][int(y)+1200]<interval+(max-min)/192000.0) )
                    pDC->SetPixel(int(x), int(y), RGB(255, 0, 0));
            }

    finish = clock();

    duration = (double)(finish-start)/CLOCKS_PER_SEC;

    pDC->SetTextAlign(TA_CENTER+TA_TOP);
    sprintf( str, "시간=%lf 초", duration );
    pDC->TextOut(0, 1300, str);
}

/////////////////////////////////////////////////////////////////////////////
// CMyView printing

BOOL CMyView::OnPreparePrinting(CPrintInfo* pInfo)
{
    // default preparation
    return DoPreparePrinting(pInfo);
}

void CMyView::OnBeginPrinting(CDC* /*pDC*/, CPrintInfo* /*pInfo*/)
{
    // TODO: add extra initialization before printing
}

void CMyView::OnEndPrinting(CDC* /*pDC*/, CPrintInfo* /*pInfo*/)
{
    // TODO: add cleanup after printing
```

```
}

///////////////////////////////////////////////////////////////////////////////
// CMyView diagnostics

#ifdef _DEBUG
void CMyView::AssertValid() const
{
    CView::AssertValid();
}

void CMyView::Dump(CDumpContext& dc) const
{
    CView::Dump(dc);
}

CMyDoc* CMyView::GetDocument() // non-debug version is inline
{
    ASSERT(m_pDocument->IsKindOf(RUNTIME_CLASS(CMyDoc)));
    return (CMyDoc*)m_pDocument;
}
#endif //_DEBUG

///////////////////////////////////////////////////////////////////////////////
// CMyView message handlers

double potential( double x, double y, double xPrime, double yPrime, double charge )
{
    double r;
    r = sqrt((x-xPrime)*(x-xPrime)+(y-yPrime)*(y-yPrime));
    return 8.98755E9*(charge/r);
}
```

2.2.3 실행 결과

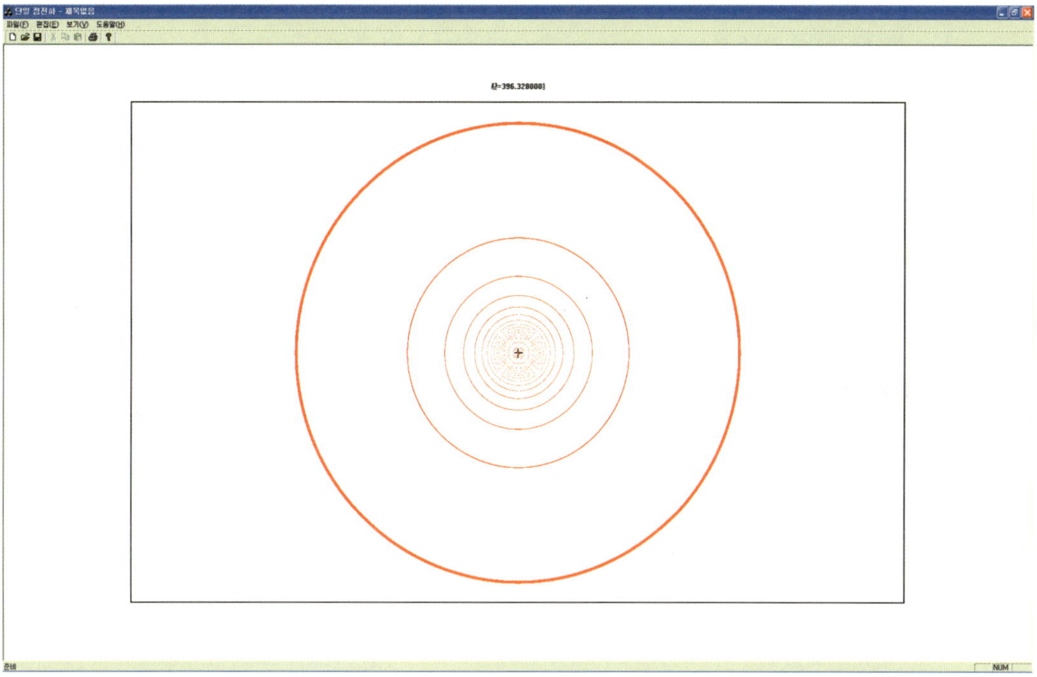

2.3 단일 양전하와 단일 음전하

2.3.1 이론

−8nC의 음전하와 5nC 의 양전하가 하나씩 있는 경우를 생각하여 보자.

음전하의 좌표는 (400,250)이고, 양전하의 좌표는 (740,320)이다.

이전의 section 과는 달리 화면 좌표계의 설정을 건드리지 않았다. 매핑 모드의 설정을 바꾸지 않았다는 말이다.

단일 점전하만 존재할 경우에는 전위의 최댓값과 최솟값을 구하는 것이 어렵지 않아 직접 계산했으나 지금부터는 Mathematica 에게 도움을 요청할 것이다. 일단 Mathematica 에서 전위함수를

```
In[1]:= phi[x_, y_] := 8.98755 * (-8/Sqrt[(x - 400)^2 + (y - 250)^2] + 5/Sqrt[(x - 740)^2 + (y - 320)^2])
```

$$phi[x\_, y\_] := 8.98755 * \left(\frac{-8}{\sqrt{(x-400)^2 + (y-250)^2}} + \frac{5}{\sqrt{(x-740)^2 + (y-320)^2}} \right)$$

와 같이 정의한다.[2]

두 샘의 점을 제외한 곳에서 전위의 최솟값과 최댓값을 구하여 보자.

최솟값을 구하기 위해

```
In[2]:= Min[Table[phi[x, y], {x, 50, 1850}, {y, 100, 1100}]]
```

와 같이 명령하면

---

2 만약 Maple 에서 실행하고자 한다면

$$\phi := (x, y) \rightarrow 8.98755 \cdot \left(\frac{-8}{\sqrt{(x-400)^2 + (y-250)^2}} + \frac{5}{\sqrt{(x-740)^2 + (y-320)^2}} \right);$$

을 실행하면 된다. 출력되는 결과는

$$(x, y) \rightarrow 8.98755 \left(-\frac{8}{\sqrt{(x-400)^2 + (y-250)^2}} + \frac{5}{\sqrt{(x-740)^2 + (y-320)^2}} \right)$$

이다.

```
Power::infy : Infinite expression 1/0 encountered. >>
Power::infy : Infinite expression 1/0 encountered. >>
Min::nord : Invalid comparison with ComplexInfinity attempted. >>
Min::nord : Invalid comparison with ComplexInfinity attempted. >>
Out[2]= Min[-71.7713, ComplexInfinity]
```

가 출력된다.[3] 최솟값이 제대로 출력되기는 하지만 오류메시지도 있다. 왜 오류가 나올까? 그 이유는 두 샘의 점에서 전위를 계산하기 때문이다. 샘의 점에서는 분모가 0 이므로 오류가 날 수밖에 없다. 샘의 점을 제외하고 계산하고자 한다면

```
In[3]:= Min[Min[Table[phi[x, y], {x, 50, 1850}, {y, 100, 249}]],
        Min[Table[phi[x, 250], {x, 50, 399}]],
        Min[Table[phi[x, 250], {x, 401, 1850}]],
        Min[Table[phi[x, y], {x, 50, 1850}, {y, 251, 319}]],
        Min[Table[phi[x, 320], {x, 50, 739}]],
        Min[Table[phi[x, 320], {x, 741, 1850}]],
        Min[Table[phi[x, y], {x, 50, 1850}, {y, 321, 1100}]]]
```

와 같이 명령한다. 그러면

```
Out[3]= -71.7713
```

와 같이 오류메시지가 사라지고 원하는 값만 출력된다.[4]

---

[3] 만약 Maple 에서 실행하고자 한다면

$$\min(evalf(seq(seq(\phi(x,y), x=50..1850), y=100..1100)));$$

을 실행한다. 출력되는 결과는

Error, (in phi) numeric exception: division by zero

이다. Maple 에서는 오류메시지만 나오고 결과는 나오지 않는다.

[4] 만약 Maple 에서 실행하고자 한다면

이제 최댓값을 구하기 위해

```
In[4]:= Max[Table[phi[x, y], {x, 50, 1850}, {y, 100, 1100}]]
```

와 같이 명령하면

```
Power::infy : Infinite expression 1/0 encountered. >>
Power::infy : Infinite expression 1/0 encountered. >>
Max::nord : Invalid comparison with ComplexInfinity attempted. >>
Max::nord : Invalid comparison with ComplexInfinity attempted. >>
Out[4]= Max[44.7312, ComplexInfinity]
```

가 출력된다.

이제 최솟값에서 시작하여 최댓값까지 적당한 간격으로 등전위선을 그린다. 적당한 값을 찾기 위해 아마도 여러 번의 시행착오를 겪을 것이다.

또한 등전위선을 그리고자 하는 어떤 전위값에 대해 더해주고 빼주는 적당한 값을 구하는 것도 여러 번 시행착오를 겪을 것이다.

프로그램을 분석하여 보자.

위치에 따라 전위값이 양수인 곳도 있고 음수인 곳도 있다. 물론 영인 곳도 있다. 전위값의 부호에 따라 색깔을 달리하여 등전위선을 그려주면 좋을 것이다. 아래의 code fragment

---

$$\min\big(\min\big(evalf\big(seq\big(seq\big(\phi(x,y), x=50..1850\big), y=100..249\big)\big)\big), \min\big(evalf\big(seq\big(\phi(x,250), x=50..399\big)\big)\big), \min\big(evalf\big(seq\big(\phi(x,250), x=401..1850\big)\big)\big), \min\big(evalf\big(seq\big(seq\big(\phi(x,y), x=50..1850\big), y=251..319\big)\big)\big), \min\big(evalf\big(seq\big(\phi(x,320), x=50..739\big)\big)\big), \min\big(evalf\big(seq\big(\phi(x,320), x=741..1850\big)\big)\big), \min\big(evalf\big(seq\big(seq\big(\phi(x,y), x=50..1850\big), y=321..1100\big)\big)\big)\big);$$

을 실행한다. 그런데 Maple 의 원천적인 한계 때문인지 아무리 기다려도 어떤 결과도 나오지 않고 계속해서 "계산중..."이라고 나온다.

```
    if ( phi[int(x)-50][int(y)-50]<0.0 )
        pDC->SetPixel( int(x), int(y), RGB(0, 0, 255) );
    else if ( phi[int(x)-50][int(y)-50]>0.0 )
        pDC->SetPixel( int(x), int(y), RGB(255, 0, 0) );
    else
        pDC->SetPixel( int(x), int(y), RGB(255, 0, 255) );
```

는 전위값의 부호에 따라 다른 색깔의 등전위선을 그린다. 전위값이 음수일 때 등전위선의 색깔은 파랑이고, 전위값이 양수일 때 등전위선의 색깔은 빨강이다. 전위값이 0 일 때의 등전위선의 색깔은 다른 두 경우의 색깔을 혼합한 것이다.

2.3.2 소스 코드

```
// 단일 양전하와 단일 음전하View.cpp : implementation of the CMyView class
//

#include "stdafx.h"
#include "단일 양전하와 단일 음전하.h"

#include "단일 양전하와 단일 음전하Doc.h"
#include "단일 양전하와 단일 음전하View.h"

#include <math.h>

double phi[1801][1001];
double poten( double x, double y, double xPrime, double yPrime, double charge );

#ifdef _DEBUG
#define new DEBUG_NEW
#undef THIS_FILE
static char THIS_FILE[] = __FILE__;
#endif

/////////////////////////////////////////////////////////////////////////////
// CMyView
```

```
IMPLEMENT_DYNCREATE(CMyView, CView)
BEGIN_MESSAGE_MAP(CMyView, CView)
    //{{AFX_MSG_MAP(CMyView)
        // NOTE - the ClassWizard will add and remove mapping macros here.
        //    DO NOT EDIT what you see in these blocks of generated code!
    //}}AFX_MSG_MAP
    // Standard printing commands
    ON_COMMAND(ID_FILE_PRINT, CView::OnFilePrint)
    ON_COMMAND(ID_FILE_PRINT_DIRECT, CView::OnFilePrint)
    ON_COMMAND(ID_FILE_PRINT_PREVIEW, CView::OnFilePrintPreview)
END_MESSAGE_MAP()

/////////////////////////////////////////////////////////////////////////////
// CMyView construction/destruction

CMyView::CMyView()
{
    // TODO: add construction code here

}

CMyView::~CMyView()
{
}

BOOL CMyView::PreCreateWindow(CREATESTRUCT& cs)
{
    // TODO: Modify the Window class or styles here by modifying
    //  the CREATESTRUCT cs

    return CView::PreCreateWindow(cs);
}

/////////////////////////////////////////////////////////////////////////////
// CMyView drawing

void CMyView::OnDraw(CDC* pDC)
```

```
{
    CMyDoc* pDoc = GetDocument();
    ASSERT_VALID(pDoc);

    clock_t start, finish;
    int i;
    double xPrime[2], yPrime[2], charge[2];
    double y, x;
    double interval, min=-71.7713, max=44.7312;
    double duration;
    char str[100];

    pDC->Rectangle( 49, 99, 1851, 1101 );

    xPrime[0]=400.0; yPrime[0]=250.0; charge[0]=-8E-9;
    xPrime[1]=740.0; yPrime[1]=320.0; charge[1]=5E-9;

    start = clock();

    for (i=0; i<2; i++)
        if ( charge[i]>0.0 )
        {
            pDC->MoveTo( int(xPrime[i])-5, int(yPrime[i]) );
            pDC->LineTo( int(xPrime[i])+5, int(yPrime[i]) );
            pDC->MoveTo( int(xPrime[i]), int(yPrime[i])-5 );
            pDC->LineTo( int(xPrime[i]), int(yPrime[i])+5 );
        }
        else
        {
            pDC->MoveTo( int(xPrime[i])-5, int(yPrime[i]) );
            pDC->LineTo( int(xPrime[i])+5, int(yPrime[i]) );
        }

    for (y=100.0; y<1101.0; y++)
        for (x=50.0; x<1851.0; x++)
            for (i=0; i<2; i++)
            {
                if ( (x==xPrime[i])&&(y==yPrime[i]) )
```

```
                break;

            phi[int(x)-50][int(y)-100] += poten(x,y,xPrime[i],yPrime[i],charge[i]);
        }

    for (interval=min; interval<=max; interval+=(max-min)/1E3)
        for (y=100.0; y<1101.0; y++)
            for (x=50.0; x<1851.0; x++)
            {
                for (i=0; i<2; i++)
                    if ( (x==xPrime[i])&&(y==yPrime[i]) )
                        break;

                if ( (phi[int(x)-50][int(y)-100]>interval-(max-min)/1E5)
                  && (phi[int(x)-50][int(y)-100]<interval+(max-min)/1E5) )
                    if ( phi[int(x)-50][int(y)-100]<0.0 )
                        pDC->SetPixel( int(x), int(y), RGB(0, 0, 255) );
                    else if ( phi[int(x)-50][int(y)-100]>0.0 )
                        pDC->SetPixel( int(x), int(y), RGB(255, 0, 0) );
                    else
                        pDC->SetPixel( int(x), int(y), RGB(255, 0, 255) );
            }

    finish = clock();

    duration = (double)(finish-start)/CLOCKS_PER_SEC;

    pDC->SetTextAlign(TA_CENTER+TA_TOP);
    sprintf( str, "시간=%lf 초", duration );
    pDC->TextOut(1920/2, 20, str);
}

/////////////////////////////////////////////////////////////////////////////
// CMyView printing

BOOL CMyView::OnPreparePrinting(CPrintInfo* pInfo)
{
    // default preparation
```

```
    return DoPreparePrinting(pInfo);
}

void CMyView::OnBeginPrinting(CDC* /*pDC*/, CPrintInfo* /*pInfo*/)
{
    // TODO: add extra initialization before printing
}

void CMyView::OnEndPrinting(CDC* /*pDC*/, CPrintInfo* /*pInfo*/)
{
    // TODO: add cleanup after printing
}

/////////////////////////////////////////////////////////////////////////////
// CMyView diagnostics
#ifdef _DEBUG
void CMyView::AssertValid() const
{
    CView::AssertValid();
}

void CMyView::Dump(CDumpContext& dc) const
{
    CView::Dump(dc);
}

CMyDoc* CMyView::GetDocument() // non-debug version is inline
{
    ASSERT(m_pDocument->IsKindOf(RUNTIME_CLASS(CMyDoc)));
    return (CMyDoc*)m_pDocument;
}
#endif //_DEBUG

/////////////////////////////////////////////////////////////////////////////
// CMyView message handlers

double poten( double x, double y, double xPrime, double yPrime, double charge )
{
```

```
    double r;
    r = sqrt((x-xPrime)*(x-xPrime)+(y-yPrime)*(y-yPrime));
    return 8.98755E9*(charge/r);
}
```

2.3.3 실행 결과

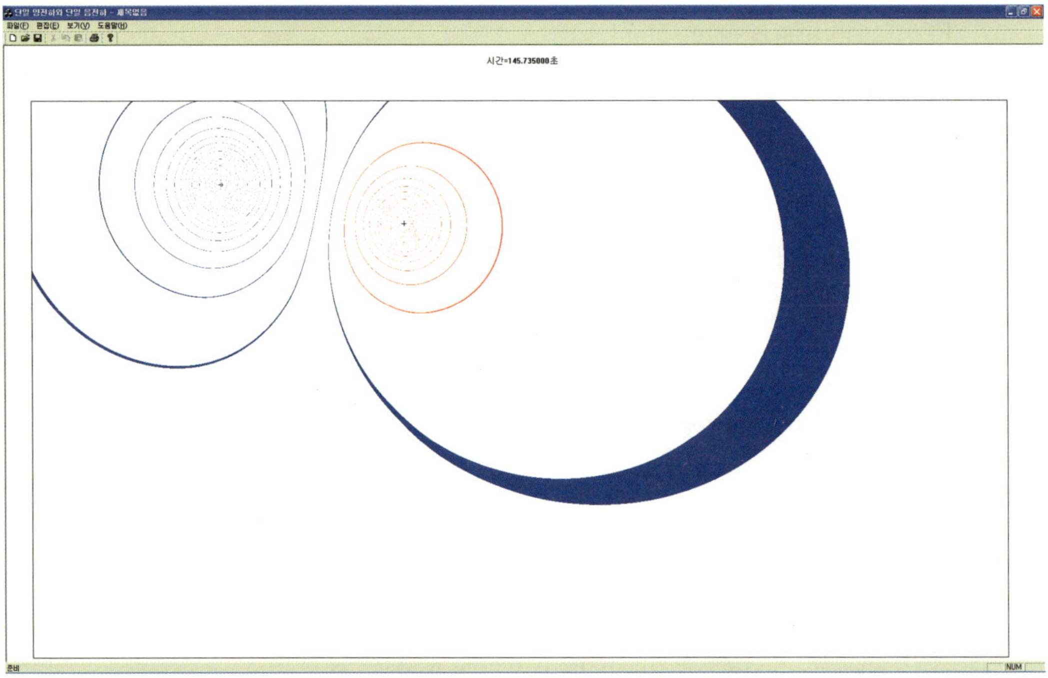

2.4 두 개의 양전하와 단일 음전하

2.4.1 이론

2nC 와 5nC 의 양전하와 −8nC의 음전하가 있는 경우를 구현하여 보자.

양전하 2nC 의 좌표는 (420,280)이고 양전하 5nC 의 좌표는 (810,220)이며 음전하 −8nC의 좌표는 (640,520)이다.

우선 전위함수를

```
In[1]:= phi[x_, y_] :=
  8.98755 * (2/Sqrt[(x - 420)^2 + (y - 280)^2] + 5/Sqrt[(x - 810)^2 + (y - 220)^2] +
    -8/Sqrt[(x - 640)^2 + (y - 520)^2])
```

$$\phi(x,y) = 8.98755 * \left(\frac{2}{\sqrt{(x-420)^2+(y-280)^2}} + \frac{5}{\sqrt{(x-810)^2+(y-220)^2}} + \frac{-8}{\sqrt{(x-640)^2+(y-520)^2}}\right)$$

처럼 정의한다.

세 샘의 점을 제외한 곳에서 전위의 최솟값과 최댓값을 구하여 보자.

우선 최솟값을 구하기 위해

```
In[2]:= Min[Min[Table[phi[x, y], {x, 50, 1900}, {y, 150, 219}]],
   Min[Table[phi[x, 220], {x, 50, 809}]], Min[Table[phi[x, 220], {x, 811, 1900}]],
   Min[Table[phi[x, y], {x, 50, 1900}, {y, 221, 279}]],
   Min[Table[phi[x, 280], {x, 50, 419}]], Min[Table[phi[x, 280], {x, 421, 1900}]],
   Min[Table[phi[x, y], {x, 50, 1900}, {y, 281, 519}]],
   Min[Table[phi[x, 520], {x, 50, 639}]], Min[Table[phi[x, 520], {x, 641, 1900}]],
   Min[Table[phi[x, y], {x, 50, 1900}, {y, 521, 1050}]]]
```

와 같이 명령하면

```
Out[2]= -71.7153
```

가 출력된다.

최댓값을 구하기 위해

```
In[3]:= Max[Max[Table[phi[x, y], {x, 50, 1900}, {y, 150, 219}]],
    Max[Table[phi[x, 220], {x, 50, 809}]], Max[Table[phi[x, 220], {x, 811, 1900}]],
    Max[Table[phi[x, y], {x, 50, 1900}, {y, 221, 279}]],
    Max[Table[phi[x, 280], {x, 50, 419}]], Max[Table[phi[x, 280], {x, 421, 1900}]],
    Max[Table[phi[x, y], {x, 50, 1900}, {y, 281, 519}]],
    Max[Table[phi[x, 520], {x, 50, 639}]], Max[Table[phi[x, 520], {x, 641, 1900}]],
    Max[Table[phi[x, y], {x, 50, 1900}, {y, 521, 1050}]]]
```

와 같이 명령하면

```
Out[3]= 44.7753
```

가 출력된다.

다음으로는 최솟값에서 시작하여 최댓값까지 적당한 간격으로 등전위선을 그린다. 역시 적당한 값을 찾기 위해 여러 번의 시행착오를 겪을 것이다.

또한 등전위선을 그리고자 하는 어떤 전위값에 대해 더해주고 빼주는 적당한 값을 구하는 것도 여러 번 시행착오를 겪을 것이다.

2.4.2 소스 코드

```
// 2개의 양전하와 단일 음전하View.cpp : implementation of the CMy2View class
//

#include "stdafx.h"
#include "2개의 양전하와 단일 음전하.h"

#include "2개의 양전하와 단일 음전하Doc.h"
#include "2개의 양전하와 단일 음전하View.h"

#include <math.h>
```

```
double phi[1801][1001];
double potential( double x, double y, double xPrime, double yPrime, double charge );

#ifdef _DEBUG
#define new DEBUG_NEW
#undef THIS_FILE
static char THIS_FILE[] = __FILE__;
#endif

/////////////////////////////////////////////////////////////////////////////
// CMy2View

IMPLEMENT_DYNCREATE(CMy2View, CView)

BEGIN_MESSAGE_MAP(CMy2View, CView)
    //{{AFX_MSG_MAP(CMy2View)
        // NOTE - the ClassWizard will add and remove mapping macros here.
        //    DO NOT EDIT what you see in these blocks of generated code!
    //}}AFX_MSG_MAP
    // Standard printing commands
    ON_COMMAND(ID_FILE_PRINT, CView::OnFilePrint)
    ON_COMMAND(ID_FILE_PRINT_DIRECT, CView::OnFilePrint)
    ON_COMMAND(ID_FILE_PRINT_PREVIEW, CView::OnFilePrintPreview)
END_MESSAGE_MAP()

/////////////////////////////////////////////////////////////////////////////
// CMy2View construction/destruction

CMy2View::CMy2View()
{
    // TODO: add construction code here

}

CMy2View::~CMy2View()
{
}
```

```
BOOL CMy2View::PreCreateWindow(CREATESTRUCT& cs)
{
    // TODO: Modify the Window class or styles here by modifying
    //  the CREATESTRUCT cs

    return CView::PreCreateWindow(cs);
}

/////////////////////////////////////////////////////////////////////////////
// CMy2View drawing

void CMy2View::OnDraw(CDC* pDC)
{
    CMy2Doc* pDoc = GetDocument();
    ASSERT_VALID(pDoc);

    clock_t start, finish;
    int i, number=3;
    double xPrime[3], yPrime[3], charge[3];
    double y, x, interval, min=-71.7153, max=44.7753;
    double duration;
    char str[100];
    pDC->Rectangle( 49, 99, 1851, 1101 );

    xPrime[0]=420.0; yPrime[0]=280.0; charge[0]=2E-9;
    xPrime[1]=810.0; yPrime[1]=220.0; charge[1]=5E-9;
    xPrime[2]=640.0; yPrime[2]=520.0; charge[2]=-8E-9;

    start = clock();

    for (i=0; i<number; i++)
        if ( charge[i]>0.0 )
        {
            pDC->MoveTo( int(xPrime[i])-5, int(yPrime[i]) );
            pDC->LineTo( int(xPrime[i])+5, int(yPrime[i]) );
            pDC->MoveTo( int(xPrime[i]), int(yPrime[i])-5 );
            pDC->LineTo( int(xPrime[i]), int(yPrime[i])+5 );
        }
```

```
    else
    {
        pDC->MoveTo( int(xPrime[i])-5, int(yPrime[i]) );
        pDC->LineTo( int(xPrime[i])+5, int(yPrime[i]) );
    }

for (y=100.0; y<1101.0; y++)
    for (x=50.0; x<1851.0; x++)
        for (i=0; i<number; i++)
        {
            if ( (x==xPrime[i])&&(y==yPrime[i]) )
                break;

            phi[int(x)-50][int(y)-100]
                += potential( x, y, xPrime[i], yPrime[i], charge[i] );
        }
for (interval=min; interval<=max; interval+=(max-min)/2E3)
    for (y=100.0; y<1101.0; y++)
        for (x=50.0; x<1851.0; x++)
        {
            for (i=0; i<number; i++)
                if ( (x==xPrime[i])&&(y==yPrime[i]) )
                    break;

            if ( (phi[int(x)-50][int(y)-100]>interval-(max-min)/2E5)
              &&(phi[int(x)-50][int(y)-100]<interval+(max-min)/2E5) )
                if ( phi[int(x)-50][int(y)-100]<0.0 )
                    pDC->SetPixel( int(x), int(y), RGB(0, 0, 255) );
                else if ( phi[int(x)-50][int(y)-100]>0.0 )
                    pDC->SetPixel( int(x), int(y), RGB(255, 0, 0) );
                else
                    pDC->SetPixel( int(x), int(y), RGB(255, 0, 255) );
        }

finish = clock();

duration = (double)(finish-start)/CLOCKS_PER_SEC;
```

```
    pDC->SetTextAlign(TA_CENTER+TA_TOP);
    sprintf( str, "시간=%lf 초", duration );
    pDC->TextOut(1920/2, 20, str);
}

/////////////////////////////////////////////////////////////////////////////
// CMy2View printing

BOOL CMy2View::OnPreparePrinting(CPrintInfo* pInfo)
{
    // default preparation
    return DoPreparePrinting(pInfo);
}

void CMy2View::OnBeginPrinting(CDC* /*pDC*/, CPrintInfo* /*pInfo*/)
{
    // TODO: add extra initialization before printing
}

void CMy2View::OnEndPrinting(CDC* /*pDC*/, CPrintInfo* /*pInfo*/)
{
    // TODO: add cleanup after printing
}

/////////////////////////////////////////////////////////////////////////////
// CMy2View diagnostics

#ifdef _DEBUG
void CMy2View::AssertValid() const
{
    CView::AssertValid();
}

void CMy2View::Dump(CDumpContext& dc) const
{
    CView::Dump(dc);
}
```

```
CMy2Doc* CMy2View::GetDocument() // non-debug version is inline
{
    ASSERT(m_pDocument->IsKindOf(RUNTIME_CLASS(CMy2Doc)));
    return (CMy2Doc*)m_pDocument;
}
#endif //_DEBUG

/////////////////////////////////////////////////////////////////////////////
// CMy2View message handlers

double potential( double x, double y, double xPrime, double yPrime, double charge )
{
    double r;
    r = sqrt((x-xPrime)*(x-xPrime)+(y-yPrime)*(y-yPrime));
    return 8.98755E9*(charge/r);
}
```

2.4.3 실행 결과

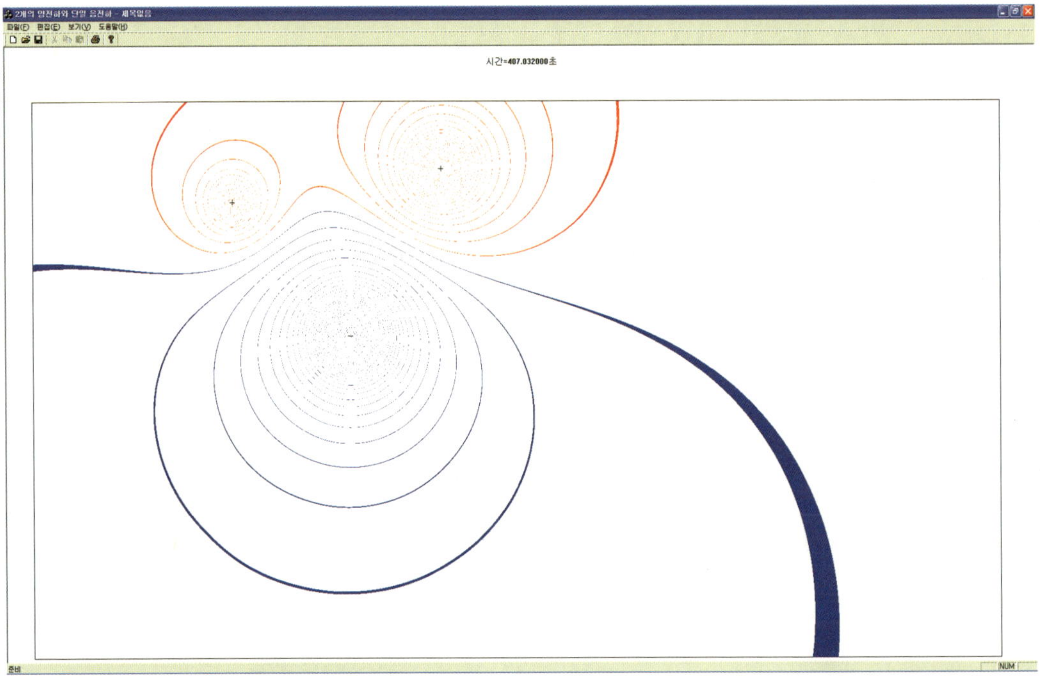

2.5 두 개의 양전하와 두 개의 음전하

2.5.1 이론

이전의 section 을 마쳤는가? 그렇다면 한 개의 양전하와 두 개의 음전하가 있는 경우를 프로그램으로 구현하여 보아라. 이전의 section 의 프로그램을 조금만 손보면 된다. 그 다음으로는 세 개의 점전하가 있는데 모두 양전하들이거나 음전하들인 경우를 프로그램으로 구현하여 보아라.

이 section 에서는 전하의 개수가 네 개인 경우를 프로그램으로 구현하여 볼 것이다.

5nC 와 12nC 의 양전하와 −6nC와 −8nC의 음전하가 있다. 양전하 5nC 의 좌표는 (330,300) 이고 양전하 12nC 의 좌표는 (700,300) 이다. 음전하 −6nC 의 좌표는 (330,400)이고 음전하 −8nC의 좌표는 (700,400)이다.

우선 전위함수를

In[1]:= phi[x_, y_] :=

$$8.98755 * \left(\frac{5}{\sqrt{(x-330)^2+(y-300)^2}} + \frac{12}{\sqrt{(x-700)^2+(y-300)^2}} + \frac{-6}{\sqrt{(x-330)^2+(y-400)^2}} + \frac{-8}{\sqrt{(x-700)^2+(y-400)^2}} \right)$$

처럼 정의한다. 식이 약간 길긴 한데, 조금도 어렵지 않을 것이다.

전위의 최솟값을 구하기 위해

```
In[2]:= Min[Table[phi[x, y], {x, 50, 1850}, {y, 100, 1100}]]
```

와 같이 명령하면

```
Power::infy : Infinite expression 1/0 encountered. >>
Power::infy : Infinite expression 1/0 encountered. >>
Power::infy : Infinite expression 1/0 encountered. >>
General::stop : Further output of Power::infy will be suppressed during this calculation. >>
Min::nord : Invalid comparison with ComplexInfinity attempted. >>
Min::nord : Invalid comparison with ComplexInfinity attempted. >>
Out[2]= Min[-70.8611, ComplexInfinity]
```

이 출력된다.

전위의 최댓값을 구하기 위해

```
In[3]:= Max[Table[phi[x, y], {x, 50, 1850}, {y, 100, 1100}]]
```

와 같이 명령하면

```
Power::infy : Infinite expression 1/0 encountered. >>
Power::infy : Infinite expression 1/0 encountered. >>
Power::infy : Infinite expression 1/0 encountered. >>
General::stop : Further output of Power::infy will be suppressed during this calculation. >>
Max::nord : Invalid comparison with ComplexInfinity attempted. >>
Max::nord : Invalid comparison with ComplexInfinity attempted. >>
Out[3]= Max[107.12, ComplexInfinity]
```

이 출력된다.

그 다음에는 어떻게 해야 할지 알 수 있으리라 믿는다. 필자가 더 이상 말을 하지 않아도 어떻게 해야 할 지 알 수 있을 것이다.

2.5.2 소스 코드

```
// 2개의 양전하와 2개의 음전하View.cpp : implementation of the CMy22View class
//

#include "stdafx.h"
#include "2개의 양전하와 2개의 음전하.h"

#include "2개의 양전하와 2개의 음전하Doc.h"
#include "2개의 양전하와 2개의 음전하View.h"

#include <math.h>

double phi[1801][1001];
double potential( double x, double y, double xPrime, double yPrime, double charge );

#ifdef _DEBUG
```

```
#define new DEBUG_NEW
#undef THIS_FILE
static char THIS_FILE[] = __FILE__;
#endif

/////////////////////////////////////////////////////////////////////////////
// CMy22View

IMPLEMENT_DYNCREATE(CMy22View, CView)

BEGIN_MESSAGE_MAP(CMy22View, CView)
    //{{AFX_MSG_MAP(CMy22View)
        // NOTE - the ClassWizard will add and remove mapping macros here.
        //    DO NOT EDIT what you see in these blocks of generated code!
    //}}AFX_MSG_MAP
    // Standard printing commands
    ON_COMMAND(ID_FILE_PRINT, CView::OnFilePrint)
    ON_COMMAND(ID_FILE_PRINT_DIRECT, CView::OnFilePrint)
    ON_COMMAND(ID_FILE_PRINT_PREVIEW, CView::OnFilePrintPreview)
END_MESSAGE_MAP()

/////////////////////////////////////////////////////////////////////////////
// CMy22View construction/destruction

CMy22View::CMy22View()
{
    // TODO: add construction code here

}

CMy22View::~CMy22View()
{
}

BOOL CMy22View::PreCreateWindow(CREATESTRUCT& cs)
{
    // TODO: Modify the Window class or styles here by modifying
    //  the CREATESTRUCT cs
```

```
    return CView::PreCreateWindow(cs);
}

/////////////////////////////////////////////////////////////////////////////
// CMy22View drawing

void CMy22View::OnDraw(CDC* pDC)
{
    CMy22Doc* pDoc = GetDocument();
    ASSERT_VALID(pDoc);

    clock_t start, finish;
    int i, number=4;
    double xPrime[4], yPrime[4], charge[4];
    double y, x, interval, min=-70.8611, max=107.12;
    double duration;
    char str[100];

    pDC->Rectangle( 49, 99, 1851, 1101 );

    xPrime[0]=330.0; yPrime[0]=300.0; charge[0]=5E-9;
    xPrime[1]=700.0; yPrime[1]=300.0; charge[1]=12E-9;
    xPrime[2]=330.0; yPrime[2]=400.0; charge[2]=-6E-9;
    xPrime[3]=700.0; yPrime[3]=400.0; charge[3]=-8E-9;

    start = clock();

    for (i=0; i<number; i++)
        if ( charge[i]>0.0 )
        {
            pDC->MoveTo( int(xPrime[i])-5, int(yPrime[i]) );
            pDC->LineTo( int(xPrime[i])+5, int(yPrime[i]) );
            pDC->MoveTo( int(xPrime[i]), int(yPrime[i])-5 );
            pDC->LineTo( int(xPrime[i]), int(yPrime[i])+5 );
        }
        else
        {
```

```
        pDC->MoveTo( int(xPrime[i])-5, int(yPrime[i]) );
        pDC->LineTo( int(xPrime[i])+5, int(yPrime[i]) );
    }

for (y=100.0; y<1101.0; y++)
    for (x=50.0; x<1851.0; x++)
        for (i=0; i<number; i++)
        {
            if ( (x==xPrime[i])&&(y==yPrime[i]) )
                break;

            phi[int(x)-50][int(y)-100]
                += potential( x, y, xPrime[i], yPrime[i], charge[i] );
        }

for (interval=min; interval<=max; interval+=(max-min)/4E3)
    for (y=100.0; y<1101.0; y++)
        for (x=50.0; x<1851.0; x++)
        {
            for (i=0; i<number; i++)
                if ( (x==xPrime[i])&&(y==yPrime[i]) )
                    break;

            if ( (phi[int(x)-50][int(y)-100]>interval-(max-min)/3E5)
              && (phi[int(x)-50][int(y)-100]<interval+(max-min)/3E5) )
                if ( phi[int(x)-50][int(y)-100]<0.0 )
                    pDC->SetPixel( int(x), int(y), RGB(0, 0, 255) );
                else if ( phi[int(x)-50][int(y)-100]>0.0 )
                    pDC->SetPixel( int(x), int(y), RGB(255, 0, 0) );
                else
                    pDC->SetPixel( int(x), int(y), RGB(255, 0, 255) );
        }

finish = clock();

duration = (double)(finish-start)/CLOCKS_PER_SEC;

pDC->SetTextAlign(TA_CENTER+TA_TOP);
```

```
    sprintf( str, "시간=%lf 초", duration );
    pDC->TextOut(1920/2, 20, str);
}

/////////////////////////////////////////////////////////////////////////////
// CMy22View printing

BOOL CMy22View::OnPreparePrinting(CPrintInfo* pInfo)
{
    // default preparation
    return DoPreparePrinting(pInfo);
}

void CMy22View::OnBeginPrinting(CDC* /*pDC*/, CPrintInfo* /*pInfo*/)
{
    // TODO: add extra initialization before printing
}
void CMy22View::OnEndPrinting(CDC* /*pDC*/, CPrintInfo* /*pInfo*/)
{
    // TODO: add cleanup after printing
}

/////////////////////////////////////////////////////////////////////////////
// CMy22View diagnostics

#ifdef _DEBUG
void CMy22View::AssertValid() const
{
    CView::AssertValid();
}

void CMy22View::Dump(CDumpContext& dc) const
{
    CView::Dump(dc);
}

CMy22Doc* CMy22View::GetDocument() // non-debug version is inline
{
```

```
    ASSERT(m_pDocument->IsKindOf(RUNTIME_CLASS(CMy22Doc)));
    return (CMy22Doc*)m_pDocument;
}
#endif //_DEBUG

/////////////////////////////////////////////////////////////////////////////
// CMy22View message handlers

double potential( double x, double y, double xPrime, double yPrime, double charge )
{
    double r;
    r = sqrt((x-xPrime)*(x-xPrime)+(y-yPrime)*(y-yPrime));
    return 8.98755E9*(charge/r);
}
```

2.5.3 실행 결과

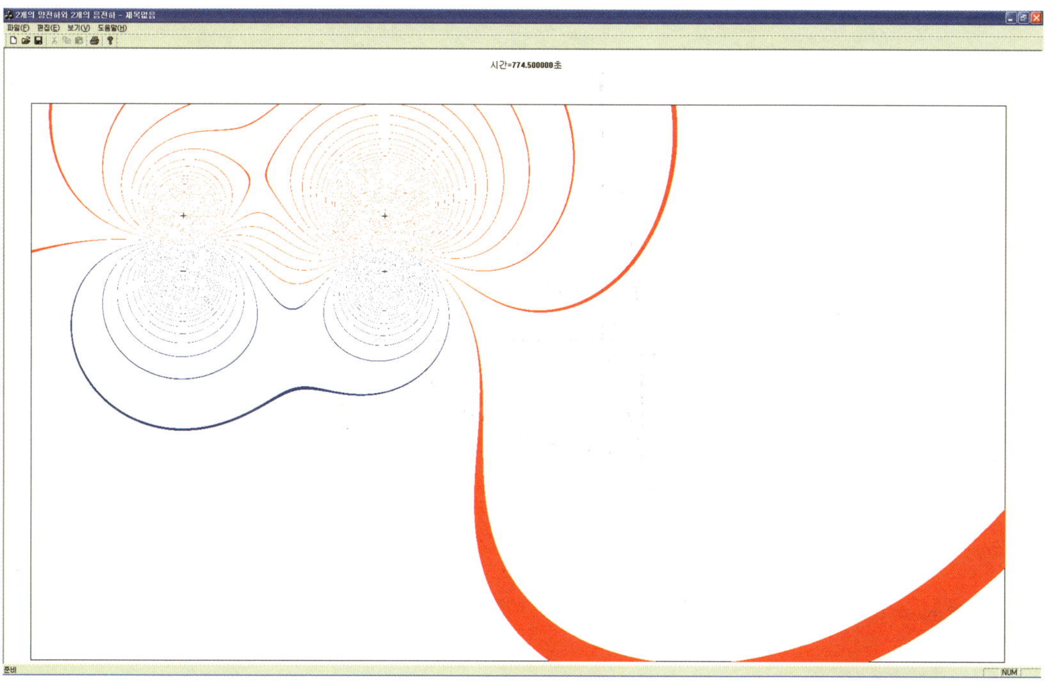

2.6 균일한 구면전하분포

2.6.1 이론

지금까지는 한 개 이상인 유한한 개수의 점전하가 있는 경우를 프로그램으로 구현하였다. 이번에는 점전하가 무한히 많이 있는 경우를 구현하여 볼 것이다.

총전하 Q를 가진 균일한 구면전하분포(Uniform Spherical Charge Distribution)가 있는 경우를 구현하여 보자.

샘의 점을 구면좌표(spherical coordinates)로 표시하여 적분하는 것이 편리하다.

전하분포가 만드는 구면의 반지름은 a이다. 마당의 점이 z축 위에 있으면 $\mathbf{r} = z\hat{\mathbf{z}}$이고 $\mathbf{r}' = r'\hat{\mathbf{r}}'$이므로 $\mathbf{R} = z\hat{\mathbf{z}} - r'\hat{\mathbf{r}}'$이 된다.

아래의 그림

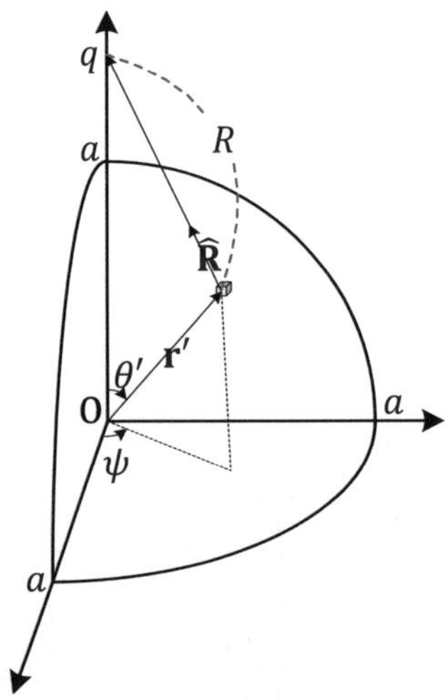

은 전하분포의 $\frac{1}{8}$을 나타낸 것이다.

아래의 그림

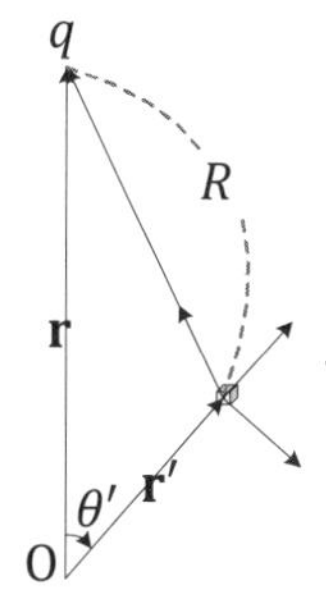

은 구면 전하분포를 다른 각도에서 본 모습을 나타낸다. 이 그림은 z축과 $\mathbf{r}'$과 $\mathbf{R}$을 포함하는 평면을 보여준다.

그림으로부터

$$R^2 = z^2 + r'^2 - 2zr'\cos\theta'$$

임을 알 수 있다. 따라서

$$\phi = \frac{\rho}{4\pi\varepsilon_0}\int_0^{2\pi}\int_0^{\pi}\int_0^{a}\frac{r'^2\sin\theta'}{\sqrt{z^2 + r'^2 - 2zr'\cos\theta'}}dr'\,d\theta'\,d\psi'$$

로 된다.

ψ'에 대한 적분은 즉시 계산할 수 있으며 그 값은 2π이다. 따라서

$$\phi = \frac{\rho}{2\varepsilon_0}\int_0^{\pi}\int_0^{a}\frac{r'^2\sin\theta'}{\sqrt{z^2 + r'^2 - 2zr'\cos\theta'}}dr'\,d\theta'$$

으로 된다.

θ' 에 대해 적분하기 위해 새로운 변수 $\mu = \cos\theta'$ 를 도입한다. 그러면 $d\mu = -\sin\theta'\,d\theta'$이므로

$$\phi = \frac{\rho}{2\varepsilon_0}\int_0^a r'^2 dr' \int_{-1}^{1} \frac{1}{\sqrt{z^2 + r'^2 - 2zr'\mu}} d\mu \qquad [11]$$

으로 된다.

μ 에 대한 적분을 위하여

$$-\left.\frac{\sqrt{z^2 + r'^2 - 2zr'\mu}}{zr'}\right|_{\mu=-1}^{1} = \frac{|z + r'| - |z - r'|}{zr'} \qquad [12]$$

을 활용한다.

두 경우를 생각해야 한다.

(1) 공의 밖: 편의상 z를 양으로 가정하면 $r' \le a$이므로 $z > r'$이 되어 위 식은

$$\frac{|z + r'| - |z - r'|}{zr'} = \frac{(z + r') - (z - r')}{zr'} = \frac{2}{z}$$

이 된다. 따라서 [11]은

$$\phi_{밖} = \frac{\rho a^3}{3\varepsilon_0 z} = \frac{Q}{4\pi\varepsilon_0 z} \qquad [13]$$

으로 된다.

(2) 공의 안: r'은 z보다 크거나 작을 수 있다. $z < r' < a$일 때에 [12]은

$$\frac{|z + r'| - |z - r'|}{zr'} = \frac{(z + r') + (z - r')}{zr'} = \frac{2}{r'}$$

이 되고, $r' < z < a$일 때에 [12]은

$$\frac{|z + r'| - |z - r'|}{zr'} = \frac{(z + r') - (z - r')}{zr'} = \frac{2}{z}$$

이 된다. 따라서 공 안의 퍼텐셜은

$$\phi_{안} = \frac{\rho}{2\varepsilon_0}\left(\frac{2}{z}\int_0^z r'^2 dr' + \frac{2}{r'}\int_z^a r'^2 dr'\right) = \frac{Q}{8\pi\varepsilon_0 a}\left(3 - \frac{z^2}{a^2}\right)$$

으로 된다.

[13]과 위의 식은 $z = a$인 구면 위에서 동일한 값 $\frac{Q}{4\pi\varepsilon_0 a}$을 가진다.

지금까지는 적분을 쉽게 하려고 마당의 점을 z축 위로 선택하였는데, 지금까지의 결과를 임의의 위치로 일반화시킬 수 있다. 우리는 공의 중심에서의 거리 r의 함수로 지금까지의 결과를 쓸 수 있다. 공의 안과 밖에서의 퍼텐셜에 대한 일반적 표현식은

$$\phi_{안} = \frac{Q}{8\pi\varepsilon_0 a}\left(3 - \frac{r^2}{a^2}\right), \quad \phi_{밖} = \frac{Q}{4\pi\varepsilon_0 r}$$

이다.

위의 두 식에서 r이 일정하면 퍼텐셜도 일정함을 알 수 있다. 즉 등전위면은 공의 중심을 중심으로 하는 동심구가 된다.

프로그램으로 구현하여 보자.

이번에는 매핑 모드를 바꾸어 볼 것이다. 전하분포의 중심은 원점이고 반지름은 500 이며 전하량은 512nC 이다.

우선 전위함수를

```
In[1]:= r[x_, y_] := Sqrt[x^2 + y^2]

In[2]:= phi[x_, y_] := 8.98755 * 521/r[x, y] /; r[x, y] ≥ 500

In[3]:= phi[x_, y_] := 8.98755 * 521/1000 * (3 - r[x, y]^2/250000) /; r[x, y] < 500
```

와 같이 두 가지 경우로 나누어 정의한다.

공의 중심에서 전위는 최대가 되며 그 값을 구하기 위해

In[4]:= **phi[0, 0]**

와 같이 명령한다. 결과는 14.0475 이다.

한편 화면의 꼭지점 (−2500, −1300) 이나 (2500, −1300) 에서 전위는 최소가 되며 그 값을 구하기 위해

In[5]:= **phi[2500, -1300]**

와 같이 명령한다. 결과는 1.66176 이다.

2.6.2 소스 코드

```
// 균일한 구면 전하분포View.cpp : implementation of the CMyView class
//

#include "stdafx.h"
#include "균일한 구면 전하분포.h"
#include "균일한 구면 전하분포Doc.h"
#include "균일한 구면 전하분포View.h"

#include <math.h>

double phi[5001][2601];

double potentialIn( double radius, double charge, double r );
double potentialOut( double r, double charge );

#ifdef _DEBUG
#define new DEBUG_NEW
#undef THIS_FILE
static char THIS_FILE[] = __FILE__;
#endif

/////////////////////////////////////////////////////////////////////////////
```

```
// CMyView

IMPLEMENT_DYNCREATE(CMyView, CView)

BEGIN_MESSAGE_MAP(CMyView, CView)
    //{{AFX_MSG_MAP(CMyView)
        // NOTE - the ClassWizard will add and remove mapping macros here.
        //    DO NOT EDIT what you see in these blocks of generated code!
    //}}AFX_MSG_MAP
    // Standard printing commands
    ON_COMMAND(ID_FILE_PRINT, CView::OnFilePrint)
    ON_COMMAND(ID_FILE_PRINT_DIRECT, CView::OnFilePrint)
    ON_COMMAND(ID_FILE_PRINT_PREVIEW, CView::OnFilePrintPreview)
END_MESSAGE_MAP()

/////////////////////////////////////////////////////////////////////////////
// CMyView construction/destruction

CMyView::CMyView()
{
    // TODO: add construction code here

}

CMyView::~CMyView()
{
}

BOOL CMyView::PreCreateWindow(CREATESTRUCT& cs)
{
    // TODO: Modify the Window class or styles here by modifying
    //  the CREATESTRUCT cs

    return CView::PreCreateWindow(cs);
}

/////////////////////////////////////////////////////////////////////////////
// CMyView drawing
```

```
void CMyView::OnDraw(CDC* pDC)
{
    CMyDoc* pDoc = GetDocument();
    ASSERT_VALID(pDoc);

    clock_t start, finish;
    double xCenter=0.0, yCenter=0.0, radius=500.0, charge=521E-9;
    double y, x, r, interval, max=14.0475, min=1.66176;
    double duration;
    char str[100];

    CRect rect;
    pDC->SetMapMode(MM_LOMETRIC);
    GetClientRect(&rect);
    pDC->SetViewportOrg(rect.Width()/2, rect.Height()/2);

    CPen myPen(PS_SOLID, 5, RGB(0,0,0));
    CPen* pOldPen = pDC->SelectObject(&myPen);
    pDC->Rectangle(-2501, -1301, 2501, 1301);
    pDC->SelectObject(pOldPen);
    CBrush Distribution(RGB(0,0,0));
    CBrush* pBrush;
    pBrush = pDC->SelectObject(&Distribution);
    pDC->Ellipse(-500, 500, 500, -500);
    pDC->SelectObject(pBrush);

    start = clock();

    for (y=-1300.0; y<1301.0; y++)
        for (x=-2500.0; x<2501.0; x++)
        {
            r = sqrt((x-xCenter)*(x-xCenter)+(y-yCenter)*(y-yCenter));

            if ( r<500.0 )
                phi[int(x)+2500][int(y)+1300] = potentialIn( radius, charge, r );
            else
                phi[int(x)+2500][int(y)+1300] = potentialOut( r, charge );
```

```
        }

    for (interval=max; interval>=min; interval-=(max-min)/44.0)
        for (y=-1300.0; y<1301.0; y++)
            for (x=-2500.0; x<2501.0; x++)
                if ( (phi[int(x)+2500][int(y)+1300]>interval-(max-min)/4000.0)
                  && (phi[int(x)+2500][int(y)+1300]<interval+(max-min)/4000.0) )
                    pDC->SetPixel(int(x), int(y), RGB(255, 0, 0));

    finish = clock();

    duration = (double)(finish-start)/CLOCKS_PER_SEC;

    pDC->SetTextAlign(TA_CENTER+TA_TOP);
    sprintf( str, "시간=%lf 초", duration );
    pDC->TextOut(0, 1400, str);
}

/////////////////////////////////////////////////////////////////////////////
// CMyView printing

BOOL CMyView::OnPreparePrinting(CPrintInfo* pInfo)
{
    // default preparation
    return DoPreparePrinting(pInfo);
}

void CMyView::OnBeginPrinting(CDC* /*pDC*/, CPrintInfo* /*pInfo*/)
{
    // TODO: add extra initialization before printing
}

void CMyView::OnEndPrinting(CDC* /*pDC*/, CPrintInfo* /*pInfo*/)
{
    // TODO: add cleanup after printing
}

/////////////////////////////////////////////////////////////////////////////
```

```
// CMyView diagnostics

#ifdef _DEBUG
void CMyView::AssertValid() const
{
    CView::AssertValid();
}

void CMyView::Dump(CDumpContext& dc) const
{
    CView::Dump(dc);
}

CMyDoc* CMyView::GetDocument() // non-debug version is inline
{
    ASSERT(m_pDocument->IsKindOf(RUNTIME_CLASS(CMyDoc)));
    return (CMyDoc*)m_pDocument;
}
#endif //_DEBUG

/////////////////////////////////////////////////////////////////////////////
// CMyView message handlers

double potentialIn( double radius, double charge, double r )
{
    return 8.98755E9*(charge/(2.0*radius))*(3.0-(r*r)/(radius*radius));
}

double potentialOut( double r, double charge )
{
    return 8.98755E9*(charge/r);
}
```

2.6.3 실행 결과

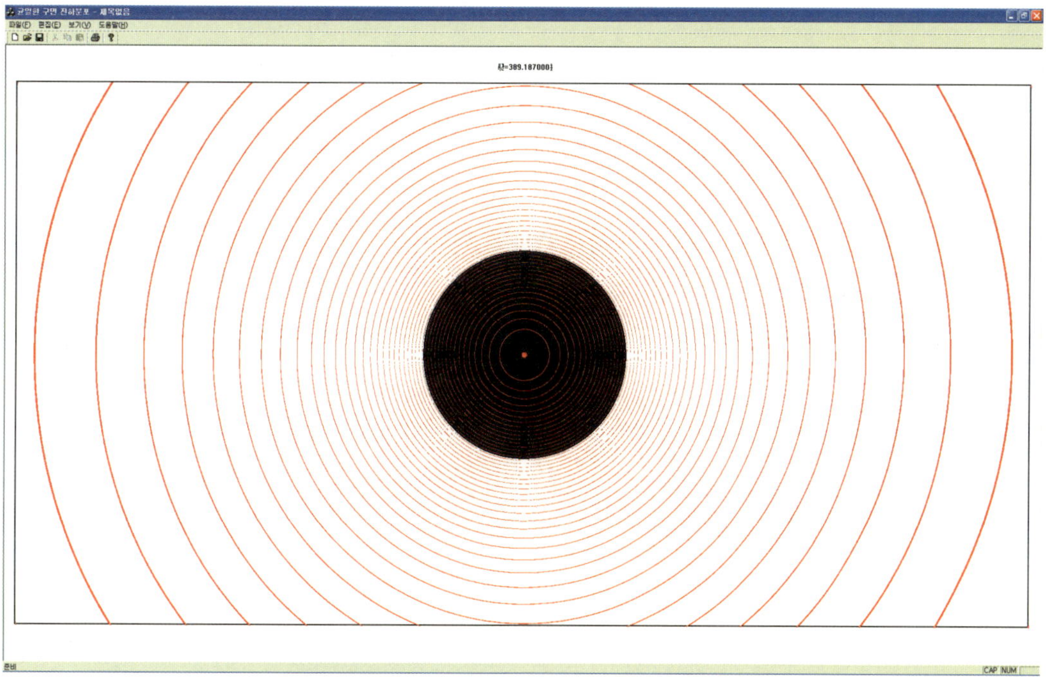

3 전기다중극(Electric Multipole)

3.1 스칼라퍼텐셜의 여러겹극 전개

부피 V'에 N개의 점전하들 q_1, q_2, q_3, ⋯, q_{N-2}, q_{N-1}, q_N이 있다. 좌표계의 원점은 V'의 안이나 근처로 선택한다. 전하들의 위치벡터(position vector)는 $\mathbf{r}_1$, $\mathbf{r}_2$, $\mathbf{r}_3$, ⋯, $\mathbf{r}_{N-2}$, $\mathbf{r}_{N-1}$, $\mathbf{r}_N$이다.

위치벡터가 $\mathbf{r}$인 마당의 점 P에서의 전위를 구해 보자.

원점에서 r만큼 떨어진 곳에서 $\hat{\mathbf{r}}$의 방향을 가진 전위는

$$\phi(\mathbf{r}) = \sum_{i=1}^{N} \frac{q_i}{4\pi\varepsilon_0 R_i} \qquad [14]$$

이다. 여기에서 $R_i = |\mathbf{r} - \mathbf{r}_i|$이다.

$\mathbf{r}_i$와 $\mathbf{r}$ 사이의 각도를 θ_i이라고 하면

$$R_i = \sqrt{r^2 + {r_i}^2 - 2rr_i \cos\theta_i}$$

이므로 [14]은

$$\phi(\mathbf{r}) = \sum_{i=1}^{N} \frac{q_i}{4\pi\varepsilon_0 \sqrt{r^2 + {r_i}^2 - 2rr_i \cos\theta_i}} \qquad [15]$$

이 된다.

현재 상태에서 전하분포에 대하여 더 이상의 정보가 없으면 위 식에서 한 걸음도 더 나아갈 수 없다.

점 P 이 V'에서 매우 멀리 떨어져 있다고 가정하자. 즉 임의의 i에 대하여 $r > r_i$이다. 그러면 항상 $\frac{r_i}{r} < 1$이 성립하므로,

$$\frac{1}{R_i} = \frac{1}{\sqrt{r^2 + r_i^2 - 2rr_i \cos\theta_i}} = \frac{1}{r}\frac{1}{\sqrt{1 - 2\frac{r_i}{r}\cos\theta_i + \frac{r_i^2}{r^2}}} \tag{16}$$

을 급수전개시킬 수 있다.

0 에 가까운 t에 대하여 성립하는 거듭제곱 급수전개(power series expansion)

$$\frac{1}{\sqrt{1+t}} = 1 - \frac{1}{2}t + \frac{3}{8}t^2 - \frac{5}{16}t^3 + \frac{35}{128}t^4 - \cdots$$

을 이용하여 [16]의 제곱근을 급수전개시켜 보자.

과정은 생략하겠는데 정리한 후 [15]에 대입하면

$$\begin{aligned}\phi(\mathbf{r}) &= \frac{1}{4\pi\varepsilon_0 r}\sum_{i=1}^{N} q_i + \frac{1}{4\pi\varepsilon_0 r^2}\sum_{i=1}^{N} q_i r_i \cos\theta_i \\ &\quad + \frac{1}{4\pi\varepsilon_0 r^3}\sum_{i=1}^{N}\frac{q_i r_i^2}{2}(3\cos^2\theta_i - 1) + \cdots\end{aligned} \tag{17}$$

을 얻게 된다.

위의 식을 전위의 여러겹극 전개(multipole expansion)라고 한다. 위 식에서 첫째항을 홀극(monopole)항, 둘째항을 쌍극자(dipole)항, 셋째항을 사중극(quadrupole)항이라고 한다.

마당의 점이 전하분포에서 멀어질수록 전위의 여러겹극 전개에서 고차항의 중요성

은 줄어든다.

편의상 위의 식을

$$\phi(\mathbf{r}) = \underbrace{\frac{1}{4\pi\varepsilon_0 r}\sum_{i=1}^{N} q_i}_{\phi_{\mathrm{M}}(\mathbf{r})} + \underbrace{\frac{1}{4\pi\varepsilon_0 r^2}\sum_{i=1}^{N} q_i r_i \cos\theta_i}_{\phi_{\mathrm{D}}(\mathbf{r})} + \underbrace{\frac{1}{4\pi\varepsilon_0 r^3}\sum_{i=1}^{N} \frac{q_i {r_i}^2}{2}(3\cos^2\theta_i - 1)}_{\phi_{\mathrm{Q}}(\mathbf{r})} + \cdots$$
$$= \phi_{\mathrm{M}}(\mathbf{r}) + \phi_{\mathrm{D}}(\mathbf{r}) + \phi_{\mathrm{Q}}(\mathbf{r}) + \cdots$$

으로 쓰자.

3.2 홀극

3.2.1 이론

마당의 총전하량을 Q이라고 하면 [17]에서 홀극항은

$$\phi_{\mathrm{M}}(\mathbf{r}) = \frac{Q}{4\pi\varepsilon_0 r}$$

이 된다.

Q를 전하분포의 홀극모멘트(monopole moment)라고 부른다.

만약 전하가 이산적으로 분포되어 있는 것이 아니라 연속적으로 분포되어 있으면

$$Q = \int_{V'} \rho(\mathbf{r}')d\tau'$$

이 된다. 여기에서 적분은 샘전하가 분포된 부피 V'에 대하여 계산한다.

3.3 쌍극자마당(Dipole Field)

3.3.1 이론

[17]에서 $\cos\theta_i$는

$$\cos\theta_i = \frac{\mathbf{r}\cdot\mathbf{r}_i}{rr_i} = \hat{\mathbf{r}}\cdot\frac{\mathbf{r}_i}{r_i} = \frac{l_x x_i + l_y y_i + l_z z_i}{r_i} \qquad [18]$$

이다. 여기에서 l_x, l_y, l_z는 점 P의 위치벡터 $\mathbf{r}$의 방향코사인(direction cosine)이다. 그리고 x_i, y_i, z_i는 전하 q_i의 위치를 나타내는 직각좌표 성분이다.

위 식을 [17]의 쌍극자항에 대입하면

$$\begin{aligned}\phi_{\mathrm{D}}(\mathbf{r}) &= \frac{1}{4\pi\varepsilon_0 r^2}\sum_{i=1}^{N} q_i\left(l_x x_i + l_y y_i + l_z z_i\right)\\ &= \frac{1}{4\pi\varepsilon_0 r^2}\left(l_x\sum_{i=1}^{N} q_i x_i + l_y\sum_{i=1}^{N} q_i y_i + l_z\sum_{i=1}^{N} q_i z_i\right)\\ &= \frac{1}{4\pi\varepsilon_0 r^2}\hat{\mathbf{r}}\cdot\sum_{i=1}^{N} q_i\mathbf{r}_i\end{aligned} \qquad [19]$$

을 얻는다.

마지막 식에서 $\sum_{i=1}^{N} q_i\mathbf{r}_i$은 마당의 점의 위치와는 무관하고, 단지 전하분포의 성질만을 나타낸다. 이것을 전하분포의 쌍극자모멘트(dipole moment)라 정의하고, 기호로는 $\mathbf{p}$을 쓴다. 즉

$$\mathbf{p} \stackrel{\text{def}}{=} \sum_{i=1}^{N} q_i \mathbf{r}_i \qquad [20]$$

이다.

위의 정의를 이용하면 [19]의 쌍극자항은

$$\phi_{\mathrm{D}}(\mathbf{r}) = \frac{\hat{\mathbf{r}} \cdot \mathbf{p}}{4\pi\varepsilon_0 r^2} = \frac{\mathbf{r} \cdot \mathbf{p}}{4\pi\varepsilon_0 r^3} \qquad [21]$$

으로 쓸 수 있다. 위의 식은 마당의 점의 위치와 전하분포의 형태에 의존하는 두 양의 스칼라곱의 형태를 하고 있다.

만약 전하가 이산적으로 분포되어 있지 않고 연속적으로 분포되어 있으면, [20]의 합은

$$\mathbf{p} = \int_{V'} \rho(\mathbf{r}')\mathbf{r}' d\tau'$$

과 같이 부피 V'에 대한 적분으로 바뀐다.

[21]은 쌍극자퍼텐셜(dipole potential)에 대한 식이고 총전하 Q가 $Q = 0$이면 주된 전위가 된다. 우리는 처음에 마당의 점이 전하분포에서 멀리 떨어져 있다고 가정하였으나, 공간의 모든 점에서 이러한 ϕ_D가 성립한다고 하면 편리할 것이다. 이런 전기마당을 쌍극자마당이라고 한다. $Q = 0$이 되는 가장 간단한 경우는 크기가 같고 부호가 반대인 두 점전하에 의해 생길 수 있다. 특히 크기가 같고 부호가 반대인 두 점전하의 분리거리가 거의 0 인 경우를 점쌍극자(point dipole)라고 한다.

만약 구면좌표(spherical coordinates)를 사용하여 마당의 점 P 의 위치를 나타내고, 쌍극자모멘트 **p**의 방향이 z축이라면 [21]은

$$\phi_{\mathrm{D}}(\mathbf{r}) = \frac{p\cos\theta}{4\pi\varepsilon_0 r^2} \qquad [22]$$

이 된다. 여기에서 θ는 마당의 점이 z축과 이루는 각이다.

한편 등전위면을 나타내는 방정식은

$$r^2 = \frac{p}{4\pi\varepsilon_0 \phi_{\mathrm{D}}} \cos\theta$$

이 된다.

이제 점쌍극자의 등전위선을 구현하여 보자.

그런데 위에서 우리는 쌍극자모멘트의 방향이 z축이라고 하였는데 이것은 어디까지나 구면좌표계에서 그렇다는 것이고, 우리가 지금 컴퓨터 모니터 화면에 등전위선을 그릴려면 쌍극자모멘트의 방향이 y축이나 x축이라고 해야 한다. 무슨 말인지 이해가 가지 않는 독자가 있을지 모르겠는데, 이렇게 하면 컴퓨터 화면 상에 쌍극자모멘트가 있는 것이다. 조금만 생각해 보면 무슨 말인지 알 수 있을 것이다.

이제 Mathematica 에서 전위함수를 정의하자.

점쌍극자의 좌표는 화면의 중심 (960,600)이다. 수식을 간략화시키기 위해 [22]에서 $\frac{p}{4\pi\varepsilon_0} = 150\mathrm{m^2V}$이라고 하면, 전위는

$$\phi_{\mathrm{D}}(\mathbf{r}) = \frac{150\cos\theta}{r^2}\mathrm{m^2V}$$

가 된다. 모니터 화면좌표계에서 쌍극자모멘트의 방향이 x축이라면

$$\cos\theta = \frac{x - 960}{\sqrt{(x-960)^2 + (y-600)^2}}, \quad r^2 = (x-960)^2 + (y-600)^2$$

이다. Mathematica 에서

```
In[1]:= r[x_, y_] := √((x - 960)^2 + (y - 600)^2)

In[2]:= phi[x_, y_] := 150 * (x - 960)/r[x, y]^3
```

와 같이 전위함수를 정의한다.

전위의 최솟값을 구하기 위해

```
In[3]:= Min[Table[phi[x, y], {x, 50, 1850}, {y, 100, 1100}]]
```

와 같이 명령한다. 그러나

```
Power::infy : Infinite expression 1/0 encountered. ≫

∞::indet : Indeterminate expression 0 ComplexInfinity encountered. ≫

Out[3]= Indeterminate
```

에서 볼 수 있듯 원하는 값이 아예 출력되지 않는다. 따라서 조금 귀찮더라도

```
In[4]:= Min[Min[Table[phi[x, y], {x, 50, 1850}, {y, 100, 599}]],
         Min[Table[phi[x, 600], {x, 50, 959}]],
         Min[Table[phi[x, 600], {x, 961, 1850}]],
         Min[Table[phi[x, y], {x, 50, 1850}, {y, 601, 1100}]]]
```

와 같이 명령한다. 그 결과는

```
Out[4]= -150
```

이다.

전위의 최댓값을 구하기 위해

```
In[5]:= Max[Max[Table[phi[x, y], {x, 50, 1850}, {y, 100, 599}]],
         Max[Table[phi[x, 600], {x, 50, 959}]],
         Max[Table[phi[x, 600], {x, 961, 1850}]],
         Max[Table[phi[x, y], {x, 50, 1850}, {y, 601, 1100}]]]
```

와 같이 명령하면, 결과는

```
Out[5]= 150
```

이다.

3.3.2 소스 코드

```
// 점쌍극자View.cpp : implementation of the CMyView class
//

#include "stdafx.h"
#include "점쌍극자.h"

#include "점쌍극자Doc.h"
#include "점쌍극자View.h"

#include <math.h>

double phi[1801][1001];
double potential( double x, double y, double xPrime, double yPrime );

#ifdef _DEBUG
#define new DEBUG_NEW
#undef THIS_FILE
static char THIS_FILE[] = __FILE__;
#endif

/////////////////////////////////////////////////////////////////////////////
// CMyView

IMPLEMENT_DYNCREATE(CMyView, CView)

BEGIN_MESSAGE_MAP(CMyView, CView)
	//{{AFX_MSG_MAP(CMyView)
		// NOTE - the ClassWizard will add and remove mapping macros here.
		//    DO NOT EDIT what you see in these blocks of generated code!
	//}}AFX_MSG_MAP
	// Standard printing commands
	ON_COMMAND(ID_FILE_PRINT, CView::OnFilePrint)
	ON_COMMAND(ID_FILE_PRINT_DIRECT, CView::OnFilePrint)
	ON_COMMAND(ID_FILE_PRINT_PREVIEW, CView::OnFilePrintPreview)
END_MESSAGE_MAP()
```

```
/////////////////////////////////////////////////////////////////////////////
// CMyView construction/destruction

CMyView::CMyView()
{
    // TODO: add construction code here

}

CMyView::~CMyView()
{
}

BOOL CMyView::PreCreateWindow(CREATESTRUCT& cs)
{
    // TODO: Modify the Window class or styles here by modifying
    //  the CREATESTRUCT cs

    return CView::PreCreateWindow(cs);
}

/////////////////////////////////////////////////////////////////////////////
// CMyView drawing

void CMyView::OnDraw(CDC* pDC)
{
    CMyDoc* pDoc = GetDocument();
    ASSERT_VALID(pDoc);

    clock_t start, finish;
    double xPrime=1920.0/2, yPrime=1200.0/2;
    double y, x, interval, max=150.0, min=-150.0;
    double duration;
    char str[100];

    pDC->Rectangle( 49, 99, 1851, 1101 );
    pDC->MoveTo( int(xPrime)-5, int(yPrime) );
```

```
pDC->LineTo( int(xPrime)+5, int(yPrime) );
pDC->MoveTo( int(xPrime)+2, int(yPrime)-3 );
pDC->LineTo( int(xPrime)+5, int(yPrime) );
pDC->LineTo( int(xPrime)+2, int(yPrime)+3 );

start = clock();

for (y=100.0; y<1101.0; y++)
    for (x=50.0; x<1851.0; x++)
    {
        if ( (x==xPrime)&&(y==yPrime) )
            break;

        phi[int(x)-50][int(y)-100] = potential( x, y, xPrime, yPrime );
    }

for (interval=max; interval>=min; interval-=(max-min)/5000.0)
    for (y=100.0; y<1101.0; y++)
        for (x=50.0; x<1851.0; x++)
        {
            if ( (x==xPrime)&&(y==yPrime) )
                break;

            if ( (phi[int(x)-50][int(y)-100]>interval-(max-min)/700000.0)
              && (phi[int(x)-50][int(y)-100]<interval+(max-min)/700000.0) )
                if ( phi[int(x)-50][int(y)-100]>0.0 )
                    pDC->SetPixel( int(x), int(y), RGB(255, 0, 0) );
                else if ( phi[int(x)-50][int(y)-100]<0.0 )
                    pDC->SetPixel( int(x), int(y), RGB(0, 0, 255) );
                else
                    pDC->SetPixel( int(x), int(y), RGB(255, 0, 255) );
        }

finish = clock();

duration = (double)(finish-start)/CLOCKS_PER_SEC;

pDC->SetTextAlign( TA_CENTER + TA_TOP );
```

```
    sprintf( str, "시간=%lf 초", duration );
    pDC->TextOut(1920/2, 50, str);
}

/////////////////////////////////////////////////////////////////////////////
// CMyView printing

BOOL CMyView::OnPreparePrinting(CPrintInfo* pInfo)
{
    // default preparation
    return DoPreparePrinting(pInfo);
}

void CMyView::OnBeginPrinting(CDC* /*pDC*/, CPrintInfo* /*pInfo*/)
{
    // TODO: add extra initialization before printing
}

void CMyView::OnEndPrinting(CDC* /*pDC*/, CPrintInfo* /*pInfo*/)
{
    // TODO: add cleanup after printing
}

/////////////////////////////////////////////////////////////////////////////
// CMyView diagnostics

#ifdef _DEBUG
void CMyView::AssertValid() const
{
    CView::AssertValid();
}

void CMyView::Dump(CDumpContext& dc) const
{
    CView::Dump(dc);
}

CMyDoc* CMyView::GetDocument() // non-debug version is inline
```

```
{
    ASSERT(m_pDocument->IsKindOf(RUNTIME_CLASS(CMyDoc)));
    return (CMyDoc*)m_pDocument;
}
#endif //_DEBUG

/////////////////////////////////////////////////////////////////////////////
// CMyView message handlers

double potential( double x, double y, double xPrime, double yPrime )
{
    double r;
    r = sqrt( (x-xPrime)*(x-xPrime)+(y-yPrime)*(y-yPrime) );
    return 150.0*((x-xPrime)/(r*r*r));
}
```

3.3.3 실행 결과

3.4 사중극자마당

3.4.1 이론

[18]를 이용하면

$$r_i{}^2(3\cos^2\theta_i - 1) = 3(\hat{\mathbf{r}}\cdot\mathbf{r}_i)^2 - r_i{}^2 = 3\left(l_x x_i + l_y y_i + l_z z_i\right)^2 - r_i{}^2\left(l_x{}^2 + l_y{}^2 + l_z{}^2\right)$$

이 된다.

전개해서 정리하면

$$r_i^{\,2}(3\cos^2\theta_i - 1)$$
$$= l_x^{\,2}(3x_i^{\,2} - r_i^{\,2}) + l_y^{\,2}(3y_i^{\,2} - r_i^{\,2}) + l_z^{\,2}(3z_i^{\,2} - r_i^{\,2}) + 6l_x l_y x_i y_i$$
$$+ 6l_y l_z y_i z_i + 6l_z l_x z_i x_i$$

을 얻는다.

위 식의 우변에서 마지막 3개의 항을

$$6l_x l_y x_i y_i = 3l_x l_y x_i y_i + 3l_y l_x y_i x_i,$$
$$6l_y l_z y_i z_i = 3l_y l_z y_i z_i + 3l_z l_y z_i y_i,$$
$$6l_z l_x z_i x_i = 3l_z l_x z_i x_i + 3l_x l_z x_i z_i$$

와 같이 나누면

$$\sum_{i=1}^{N} q_i r_i^{\,2}(3\cos^2\theta_i - 1)$$

$$= l_x^{\,2}\sum_{i=1}^{N} q_i(3x_i^{\,2} - r_i^{\,2}) + l_x l_y \sum_{i=1}^{N} q_i 3x_i y_i$$
$$+ l_x l_z \sum_{i=1}^{N} q_i 3x_i z_i + l_y l_x \sum_{i=1}^{N} q_i 3y_i x_i \qquad [23]$$
$$+ l_y^{\,2}\sum_{i=1}^{N} q_i(3y_i^{\,2} - r_i^{\,2}) + l_y l_z \sum_{i=1}^{N} q_i 3y_i z_i$$
$$+ l_z l_x \sum_{i=1}^{N} q_i 3z_i x_i + l_z l_y \sum_{i=1}^{N} q_i 3z_i y_i + l_z^{\,2}\sum_{i=1}^{N} q_i(3z_i^{\,2} - r_i^{\,2})$$

와 같이 대칭적인 형태로 쓸 수 있다.

지금

$$Q_{jk} \stackrel{\text{def}}{=} \sum_{i=1}^{N} q_i\left(3j_ik_i - r_i{}^2\delta_{jk}\right)$$

과 같이 사중극자모멘트 텐서의 성분을 정의한다. 여기에서 j와 k는 x, y, z 중 어느 한 가지를 나타낸다. 그리고 δ_{jk}는 크로네커 델타(Kronecker delta)이다. 그러면

$$Q_{xx} = \sum_{i=1}^{N} q_i(3x_i{}^2 - r_i{}^2), \quad Q_{xy} = \sum_{i=1}^{N} q_i 3x_iy_i, \quad Q_{xz} = \sum_{i=1}^{N} q_i 3x_iz_i,$$

$$Q_{yx} = \sum_{i=1}^{N} q_i 3y_ix_i, \quad Q_{yy} = \sum_{i=1}^{N} q_i(3y_i{}^2 - r_i{}^2), \quad Q_{yz} = \sum_{i=1}^{N} q_i 3y_iz_i,$$

$$Q_{zx} = \sum_{i=1}^{N} q_i 3z_ix_i, \quad Q_{zy} = \sum_{i=1}^{N} q_i 3z_iy_i, \quad Q_{zz} = \sum_{i=1}^{N} q_i(3z_i{}^2 - r_i{}^2)$$

와 같이 9 개의 Q_{jk}가 있게 된다.

만약 전하가 연속적으로 분포되어 있으면

$$Q_{jk} = \int_{V'} \rho(\mathbf{r}')\left(3j'k' - r'^2\delta_{jk}\right)d\tau'$$

가 된다. 구체적으로

$$Q_{xx} = \int_{V'} \rho(\mathbf{r}')(3x'^2 - r'^2)d\tau', \quad Q_{xy} = \int_{V'} \rho(\mathbf{r}')3x'y'd\tau', \quad Q_{xz} = \int_{V'} \rho(\mathbf{r}')3x'z'd\tau',$$

$$Q_{yx} = \int_{V'} \rho(\mathbf{r}')3y'x'd\tau', \quad Q_{yy} = \int_{V'} \rho(\mathbf{r}')(3y'^2 - r'^2)d\tau', \quad Q_{yz} = \int_{V'} \rho(\mathbf{r}')3y'z'd\tau',$$

$$Q_{zx} = \int_{V'} \rho(\mathbf{r}') 3z'x' d\tau', \quad Q_{zy} = \int_{V'} \rho(\mathbf{r}') 3z'y' d\tau', \quad Q_{zz} = \int_{V'} \rho(\mathbf{r}') (3z'^2 - r'^2) d\tau',$$

이다.

Q_{jk}를 사용하면 [23]은

$$\sum_{i=1}^{N} q_i {r_i}^2 (3\cos^2\theta_i - 1)$$
$$= {l_x}^2 Q_{xx} + l_x l_y Q_{xy} + l_x l_z Q_{xz} + l_y l_x Q_{yx} + {l_y}^2 Q_{yy} + l_y l_z Q_{yz} + l_z l_x Q_{zx} + l_z l_y Q_{zy} + {l_z}^2 Q_{zz} = \sum_{j=x,y,z} \sum_{k=x,y,z} l_j l_k Q_{jk}$$

이 된다.

이제 위의 식을 사중극항에 대입하면

$$\phi_Q(\mathbf{r}) = \frac{1}{4\pi\varepsilon_0 r^3} \frac{1}{2} \sum_{j=x,y,z} \sum_{k=x,y,z} l_j l_k Q_{jk}$$

을 얻는다.

장의 점이 멀리 떨어져 있고 홀극모멘트와 쌍극자모멘트가 각각 $Q = 0$이고 $\mathbf{p} = \mathbf{0}$이면, Q_{jk}가 전하분포의 주된 모습이 된다.

한편 위의 사중극항을

$$\phi_Q(\mathbf{r}) = \frac{1}{4\pi\varepsilon_0 r^5} \frac{1}{2} \sum_{j=x,y,z} \sum_{k=x,y,z} jk Q_{jk}$$

와 같이 쓸 수 있다. 왜냐하면

$$l_x = \frac{x}{r}, \quad l_y = \frac{y}{r}, \quad l_z = \frac{z}{r}$$

이기 때문이다.

정의에 의하여 Q_{jk}는 9 개 있다. 그러나

$$Q_{xy} = Q_{yx}, \quad Q_{xz} = Q_{zx}, \quad Q_{yz} = Q_{zy}$$

이므로, 9 개의 Q_{jk}에서 독립성분은 6 개이다.

한편 대각선 성분들을 모두 합하면

$$\begin{aligned} Q_{xx} + Q_{yy} + Q_{zz} &= \sum_{i=1}^{N} q_i\left((3{x_i}^2 - {r_i}^2) + (3{y_i}^2 - {r_i}^2) + (3{z_i}^2 - {r_i}^2)\right) \\ &= \sum_{i=1}^{N} q_i(3({x_i}^2 + {y_i}^2 + {z_i}^2) - 3{r_i}^2) = 0 \end{aligned} \qquad [24]$$

이므로 독립성분은 5 개로 줄어든다.

독립성분이 5 개임을 알게 되었으나 아직도 복잡하다. 문제를 좀 더 간단히 만들기 위해 전하분포가 원통이나 원뿔과 같이 회전체를 이룬다고 하자. 대칭축은 z축이라고 하자. 또한 대칭축에 대해 서로 대응하는 한 쌍의 전하의 크기는 동일하다고 하자.

그러면 (x', y', z')에 있는 전하 q'에 대해서 $(-x', y', z')$에 똑같은 크기의 전하가 있다. 이와 같은 한 쌍의 전하가 Q_{xy}와 Q_{zx}에 주는 기여를 계산하여 보면 각각

$$3q'x'y' + 3q'(-x')y' = 0, \quad 3q'z'x' + 3q'z'(-x') = 0$$

이다. 모든 전하들을 이렇게 짝을 지을 수 있으므로 결국 $Q_{xy} = Q_{zx} = 0$이다.

마찬가지로 (x', y', z')에 있는 전하 q'에 대해서 $(x', -y', z')$에 똑같은 크기의 전하가 있다. 이와 같은 한 쌍의 전하가 Q_{yz}에 주는 기여는

$$3q'y'z' + 3q'(-y')z' = 0$$

이다. 모든 전하들을 이렇게 짝을 지을 수 있으므로 결국 $Q_{yz} = 0$이다.

이제 3 개의 대각선 성분들만 남았다. 그런데 [24]이 성립하므로 독립성분은 2 개로 줄어든다.

그럼 이제 더 이상 독립성분의 개수를 줄일 수 없는 것일까?

그렇지 않다. 축대칭인 경우에는 x축과 y축의 구분이 무의미하므로, $Q_{xx} = Q_{yy}$ 이 성립한다. 따라서 최종적으로 독립성분은 단 하나가 된다.

이제 사중극항은 상당히 간단한 형태가 된다. 약간의 대수 계산을 하면

$$\phi_Q(\mathbf{r}) = \frac{Q_{zz}}{4\pi\varepsilon_0}\frac{3{l_z}^2 - 1}{4r^3} = \frac{Q_{zz}}{4\pi\varepsilon_0}\frac{3\cos^2\theta - 1}{4r^3} \qquad [25]$$

을 얻는다. 여기에서 θ는 장의 점의 위치벡터 $\mathbf{r}$와 대칭축 사이의 각도이다.

아래의 두 전하분포

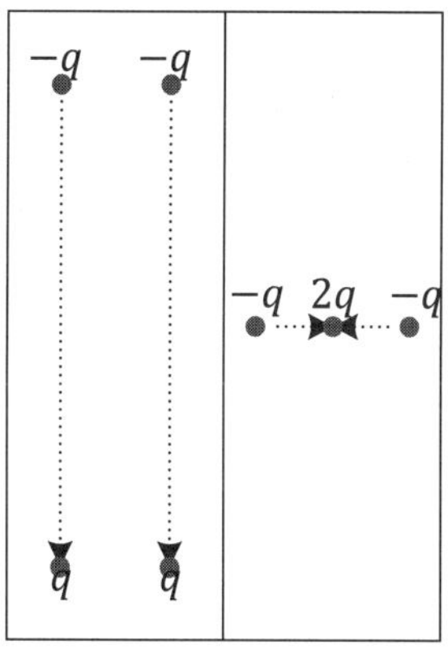

는 사중극자모멘트(quadrupole moment)를 갖는다.

프로그램으로 구현하여 보자.

물리좌표계에서 화면좌표계로 변환할 때 주의한다. 지금까지 z축이 대칭축이라고 하였는데 이것은 물리좌표계에서 그렇다는 것이고, 화면좌표계에서는 y축이 대칭축이라고 하자.

우선 Mathematica 에서 전위함수를 정의하자. 사중극자의 좌표는 화면의 중심 (960,600)이다. 수식을 간략화시키기 위해 [25]에서 $\frac{Q_{zz}}{4\pi\varepsilon_0} = -200$이라고 하면, 전위는

$$\phi_Q(\mathbf{r}) = \frac{50(1 - 3\cos^2\theta)}{r^3}$$

가 된다. 화면좌표계에서 대칭축이 y축이므로 $\cos\theta$는

$$\frac{600-y}{\sqrt{(x-960)^2+(y-600)^2}}$$

이다. 그리고 r^3은

$$((x-960)^2+(y-600)^2)^{1.5}$$

이다. Mathematica 에서

```
In[1]:= r[x_, y_] := Sqrt[(x - 960)^2 + (y - 600)^2]

In[2]:= phi[x_, y_] := 0.00005 * (1 - 3 (600 - y)^2)/r[x, y]^5
```

와 같이 전위함수를 정의한다.

전위의 최댓값을 구하기 위해

```
In[3]:= Max[Table[phi[x, y], {x, 50, 1850}, {y, 100, 1100}]]
```

와 같이 명령한다. 결과는 0.00005 이다.

전위의 최솟값을 구하기 위해

```
In[4]:= Min[Table[phi[x, y], {x, 50, 1850}, {y, 100, 1100}]]
```

와 같이 명령한다. 결과는 −0.0001이다.

앞 section 의 프로그램에서도 그랬지만, 픽셀 하나가 물리좌표계의 1 과 대응하는 이러한 매핑 모드에서는 보기에 좋은 결과가 나오지 않을 것이다. 쌍극자 주변에는 여러 개의 등퍼텐셜선이 그려지지만 대부분의 영역에는 등퍼텐셜선이 그려지지 않는다. 그럼 어떻게 할까? 좀 더 보기에 좋은 결과를 얻으려면 여러 개의 픽셀이 물리좌표계의 1 과 대응하도록 하면 된다. 이것은 독자가 스스로 해결해 보아라.

3.4.2 소스 코드

```
// 사중극자View.cpp : implementation of the CMyView class
//

#include "stdafx.h"
#include "사중극자.h"

#include "사중극자Doc.h"
#include "사중극자View.h"

#include <math.h>

double phi[1801][1001];
double potential( double x, double y, double xPrime, double yPrime );

#ifdef _DEBUG
#define new DEBUG_NEW
#undef THIS_FILE
static char THIS_FILE[] = __FILE__;
#endif

/////////////////////////////////////////////////////////////////////////////
// CMyView

IMPLEMENT_DYNCREATE(CMyView, CView)

BEGIN_MESSAGE_MAP(CMyView, CView)
    //{{AFX_MSG_MAP(CMyView)
        // NOTE - the ClassWizard will add and remove mapping macros here.
        //    DO NOT EDIT what you see in these blocks of generated code!
    //}}AFX_MSG_MAP
    // Standard printing commands
    ON_COMMAND(ID_FILE_PRINT, CView::OnFilePrint)
    ON_COMMAND(ID_FILE_PRINT_DIRECT, CView::OnFilePrint)
    ON_COMMAND(ID_FILE_PRINT_PREVIEW, CView::OnFilePrintPreview)
END_MESSAGE_MAP()
```

```
//////////////////////////////////////////////////////////////////////////////
// CMyView construction/destruction

CMyView::CMyView()
{
    // TODO: add construction code here

}

CMyView::~CMyView()
{
}

BOOL CMyView::PreCreateWindow(CREATESTRUCT& cs)
{
    // TODO: Modify the Window class or styles here by modifying
    //  the CREATESTRUCT cs

    return CView::PreCreateWindow(cs);
}

//////////////////////////////////////////////////////////////////////////////
// CMyView drawing

void CMyView::OnDraw(CDC* pDC)
{
    CMyDoc* pDoc = GetDocument();
    ASSERT_VALID(pDoc);

    clock_t start, finish;
    double xPrime=960.0, yPrime=600.0;
    double y, x, interval, max=0.00005, min=-0.0001;
    double duration;
    char str[100];

    pDC->Rectangle(49, 99, 1851, 1101);
```

```
    start = clock();

    for (y=100.0; y<1101.0; y++)
        for (x=50.0; x<1851.0; x++)
        {
            if ( (x==xPrime)&&(y==yPrime) )
                break;

            phi[int(x)-50][int(y)-100] = potential( x, y, xPrime, yPrime );
        }

    for (interval=max; interval>min; interval-=(max-min)/500.0)
        for (y=100.0; y<1101.0; y++)
            for (x=50.0; x<1851.0; x++)
            {
                if ( (x==xPrime)&&(y==yPrime) )
                    break;

                if ( (phi[int(x)-50][int(y)-100]>interval-(max-min)/3000.0)
                  && (phi[int(x)-50][int(y)-100]<interval+(max-min)/3000.0) )
                    if ( phi[int(x)-50][int(y)-100]>0.0 )
                        pDC->SetPixel( int(x), int(y), RGB(255, 0, 0) );
                    else if ( phi[int(x)-50][int(y)-100]<0.0 )
                        pDC->SetPixel( int(x), int(y), RGB(0, 0, 255) );
                    else
                        pDC->SetPixel( int(x), int(y), RGB(255, 0, 255) );
            }

    finish = clock();

    duration = (double)(finish-start)/CLOCKS_PER_SEC;

    pDC->SetTextAlign( TA_CENTER + TA_TOP );
    sprintf( str, "시간=%lf 초", duration );
    pDC->TextOut(1920/2, 20, str);
}

/////////////////////////////////////////////////////////////////////////////
```

```
// CMyView printing

BOOL CMyView::OnPreparePrinting(CPrintInfo* pInfo)
{
    // default preparation
    return DoPreparePrinting(pInfo);
}

void CMyView::OnBeginPrinting(CDC* /*pDC*/, CPrintInfo* /*pInfo*/)
{
    // TODO: add extra initialization before printing
}

void CMyView::OnEndPrinting(CDC* /*pDC*/, CPrintInfo* /*pInfo*/)
{
    // TODO: add cleanup after printing
}

/////////////////////////////////////////////////////////////////////////////
// CMyView diagnostics

#ifdef _DEBUG
void CMyView::AssertValid() const
{
    CView::AssertValid();
}

void CMyView::Dump(CDumpContext& dc) const
{
    CView::Dump(dc);
}

CMyDoc* CMyView::GetDocument() // non-debug version is inline
{
    ASSERT(m_pDocument->IsKindOf(RUNTIME_CLASS(CMyDoc)));
    return (CMyDoc*)m_pDocument;
}
#endif //_DEBUG
```

```
///////////////////////////////////////////////////////////////////////////////
// CMyView message handlers

double potential( double x, double y, double xPrime, double yPrime )
{
    double r;
    r = sqrt( (x-xPrime)*(x-xPrime)+(y-yPrime)*(y-yPrime) );
    return 0.00005*((1.0-3.0*(yPrime-y)*(yPrime-y))/(r*r*r*r*r));
}
```

3.4.3 실행 결과

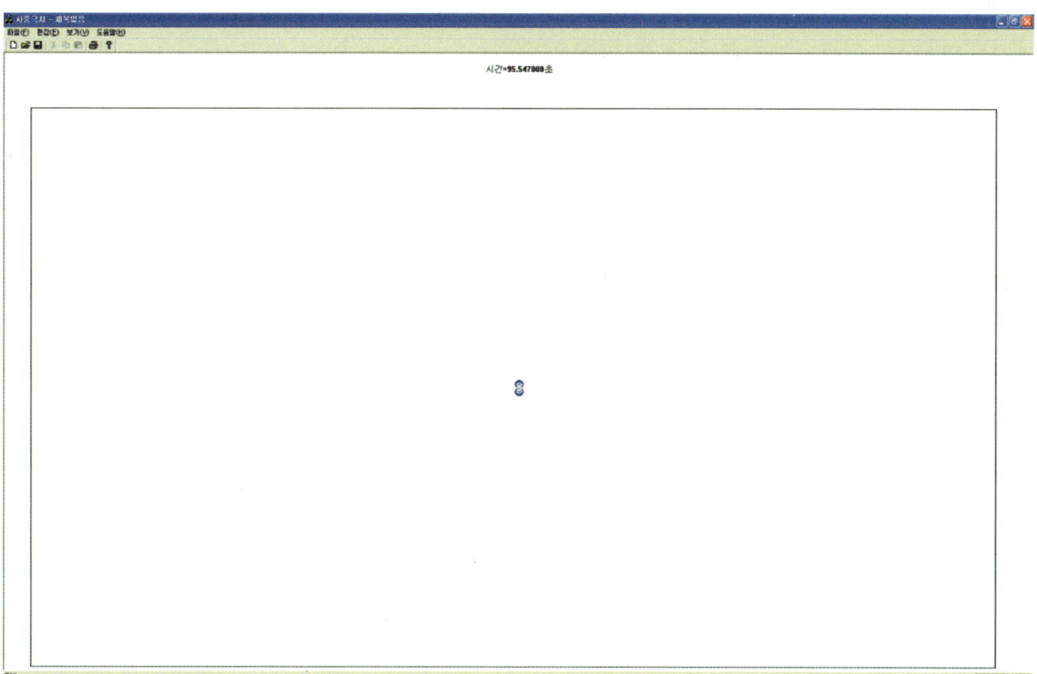

4 영상법(Method of Image)

4.1 개론

지금까지 우리는 전기마당에 영향을 줄 수 있는 어떤 것이 주어진 영역 내에 존재하지 않는 상황만을 고려하였다. 그런데 전하나 전하분포가 도체 가까이에 있는 경우가 흔히 있다. 이런 상황에서는 도체 표면의 전하분포를 알아야 한다.

전기쌍극자를 구성하는 한 전하에서 다른 전하까지의 변위(displacement)를 수직이등분하는 평면 상의 모든 점에서 전위는 0 이고, 전기력선(line of electric force)은 그 평면과 직각으로 만난다. 즉 그 평면은 평면 도체와 같은 역할을 한다. 다시 말하면, 그 평면 위치에 평면 도체를 삽입하더라도 쌍극자에 의한 전기력선의 모양에는 변화가 없다. 만약 평면 도체를 삽입한 후 음전하를 제거한다면 양전하가 있는 영역에서의 전기마당분포는 그대로이고 도체 표면에는 $-q$의 음전하가 유도된다. 역으로 만약 우리가 무한평면 도체에서 d만큼 떨어진 곳에 점전하 q를 놓으면, 무한평면 도체를 무시하고 무한평면 도체를 기준으로 점전하 q에 대칭인 곳에 $-q$의 점전하가 있다고 가정함으로써 점전하 q가 있는 영역의 임의의 점에서 전위와 전기마당을 구할 수 있다. 이 때 가상적인 전하 $-q$를 q의 영상(image)이라고 한다.

이처럼 영상법에서는 잠정적으로 평면 도체를 무시하고, 평면 도체를 기준으로 q와 서로 다른 영역에 가상전하 $-q$를 놓는다. 가상전하는 실전하와 크기는 같고 부호는 반대이다. 주의할 것은 앞의 단락에서의 설명은 무한평면 도체인 경우에만 사실이라는 것이다.

결론적으로 말하면, 영상법은 전위를

$$\phi = \sum_{\text{실제전하}} \frac{q_a}{4\pi\varepsilon_0 R_a} + \sum_{\text{영상전하}} \frac{q_i}{4\pi\varepsilon_0 R_i} \qquad [26]$$

의 형태로 쓸 수 있도록 한다.

영상법을 적용할 때에는

(1) 영상전하는 도체가 있는 영역 내에 위치해야 한다.
(2) 도체 표면이 등전위면이 되도록 영상전하를 위치시켜야 한다.

를 만족시키도록 해야 한다. 조건(1)은 푸아송 방정식(Poisson equation)을 만족시키기 위해 필요하고, 조건(2)은 경계조건을 만족시키기 위해 필요하다.

모든 정전기적 문제에 영상법을 적용할 수는 없지만, 풀기 어려운 문제가 영상법에 의해 쉽게 풀리는 경우가 많다. 절대온도눈금을 도입한 영국의 물리학자 켈빈(Kelvin)이 영상법을 도입하였다.

4.2 점전하와 접지된 반무한평면 도체

4.2.1 이론

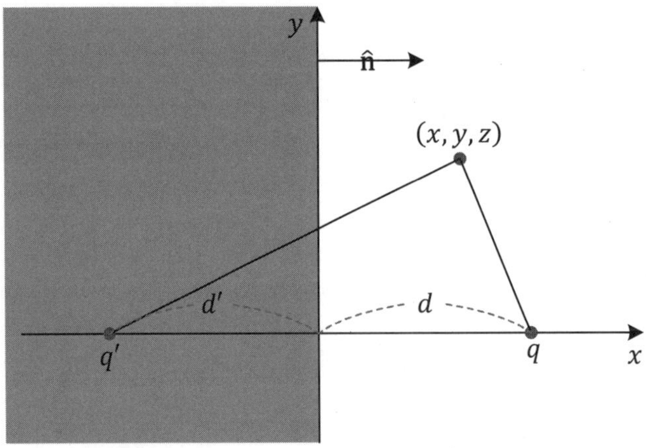

위의 그림에서 보는 것처럼, 점전하 q는 yz평면으로부터 d만큼 떨어져 있다. $x \le 0$인 공간은 도체이고 yz평면은 이 도체의 표면이다. 도체가 아닌 공간은 진공이다.

도체의 표면은 등전위면이므로 경계조건은 $x = 0$에서 ϕ는 상수이다. 문제를 간단하게 하기 위해 $x = 0$에서 $\phi = 0$이라고 하자. $x = 0$에서 $\phi \neq 0$이어도 문제 풀이 과정은 사실상 $\phi = 0$인 경우와 동일하다. 만약 도체 표면에서 $\phi \neq 0$이라면, 우리는 $\phi = 0$이라고 가정하고 문제를 해결한 다음에 도체의 표면의 전위값을 더해주면 된다.

도체 표면으로부터 도체 내부 방향으로 d'만큼 떨어진 곳에 위치한 영상전하 q'은 진공 영역에 대하여 도체를 대체시킨다. q와 q'의 좌표는 각각 $(d, 0,0)$와 $(-d', 0,0)$이다. 그러므로 [26]은

$$\phi(x,y,z) = \frac{1}{4\pi\varepsilon_0}\left(\frac{q}{\sqrt{(x-d)^2+y^2+z^2}} + \frac{q'}{\sqrt{(x+d')^2+y^2+z^2}}\right) \qquad [27]$$

으로 쓸 수 있다.

한편 위의 식은 경계조건

$$\phi(0,y,z) = 0$$

을 만족시켜야 하므로

$$\frac{q}{\sqrt{d^2+y^2+z^2}} + \frac{q'}{\sqrt{d'^2+y^2+z^2}} = 0$$

이 성립한다.

명백히 $d' = d$이고 $q' = -q$이라면 위의 식은 항상 성립한다. 그러므로 q가 도체의 표면에서 떨어져 있는 거리만큼, q'도 도체의 표면에서 떨어져 있다. 물론 도체의 표면을 기준으로 q와 q'은 서로 다른 영역에 놓여 있다.

방금 구한 이들 값들을 [27]에 대입하면

$$\phi(x,y,z) = \frac{q}{4\pi\varepsilon_0}\left(\frac{1}{\sqrt{(x-d)^2+y^2+z^2}} - \frac{1}{\sqrt{(x+d)^2+y^2+z^2}}\right)$$

을 얻는다. 이것이 완전한 해이다. 위의 식은 $x \geq 0$일 때에만 사용한다.

도체의 내부에서의 전위는 도체의 표면의 전위값과 같다. 그런데 우리는 처음에 도체 표면의 전위값을 0 이라고 가정하였으므로, 도체 내부에서의 전위는 0 이다.

$x \geq 0$인 영역에서 등전위면을 나타내는 방정식은 위의 식에서 전위를 상수로 놓아 구할 수 있다. xy평면에서의 등전위선을 구하려면 $z = 0$이라 놓아 구할 수 있다.

참고로 q에 작용하는 힘을 구해보면

$$\mathbf{F} = -\frac{q^2}{4\pi\varepsilon_0(2d)^2}\hat{\mathbf{x}}$$

이다. 이것은 q와 영상전하 $-q$가 $2d$만큼 떨어져 있을 때에 두 전하 사이의 인력에 대한 쿨롱의 법칙과 같다.

프로그램으로 구현하여 보자.

도체의 표면은 모니터 좌표계에서 $x = 100$이다. 점전하의 크기는 9mC 이고 점전하의 위치는 (700,500)이다. 그러면 영상전하의 위치는 (−500,500)이다.

우선 Mathematica 에서

```
In[1]:= phi[x_, y_] :=
```

$$8.98755 * 9 * 10^6 * \left(\frac{1}{\sqrt{(x-700)^2 + (y-500)^2}} - \frac{1}{\sqrt{(x+500)^2 + (y-500)^2}} \right)$$

와 같이 전위함수를 정의한다.

전위의 최댓값을 구하기 위해

```
In[2]:= Max[Max[Table[phi[x, y], {x, 101, 1900}, {y, 100, 1100}]]]
```

와 같이 명령한다. 결과는 80820600 이다.

전위의 최솟값을 구하기 위해

```
In[3]:= Min[Min[Table[phi[x, y], {x, 101, 1900}, {y, 100, 1100}]]]
```

와 같이 명령한다. 결과는 158.879 이다.

4.2.2 소스 코드

```
// 점전하와 접지된 반무한평면 도체View.cpp : implementation of the CMyView class
//

#include "stdafx.h"
#include "점전하와 접지된 반무한평면 도체.h"

#include "점전하와 접지된 반무한평면 도체Doc.h"
#include "점전하와 접지된 반무한평면 도체View.h"
```

```
#include <math.h>

double phi[1851][1001];
double potential( double x, double y, double xPrime, double yPrime, double charge );

#ifdef _DEBUG
#define new DEBUG_NEW
#undef THIS_FILE
static char THIS_FILE[] = __FILE__;
#endif

/////////////////////////////////////////////////////////////////////////////
// CMyView

IMPLEMENT_DYNCREATE(CMyView, CView)

BEGIN_MESSAGE_MAP(CMyView, CView)
    //{{AFX_MSG_MAP(CMyView)
        // NOTE - the ClassWizard will add and remove mapping macros here.
        //    DO NOT EDIT what you see in these blocks of generated code!
    //}}AFX_MSG_MAP
    // Standard printing commands
    ON_COMMAND(ID_FILE_PRINT, CView::OnFilePrint)
    ON_COMMAND(ID_FILE_PRINT_DIRECT, CView::OnFilePrint)
    ON_COMMAND(ID_FILE_PRINT_PREVIEW, CView::OnFilePrintPreview)
END_MESSAGE_MAP()

/////////////////////////////////////////////////////////////////////////////
// CMyView construction/destruction

CMyView::CMyView()
{
    // TODO: add construction code here

}

CMyView::~CMyView()
{
```

```
}

BOOL CMyView::PreCreateWindow(CREATESTRUCT& cs)
{
    // TODO: Modify the Window class or styles here by modifying
    //  the CREATESTRUCT cs

    return CView::PreCreateWindow(cs);
}

/////////////////////////////////////////////////////////////////////////////
// CMyView drawing

void CMyView::OnDraw(CDC* pDC)
{
    CMyDoc* pDoc = GetDocument();
    ASSERT_VALID(pDoc);

    clock_t start, finish;
    double xPrime=700.0, yPrime=500.0, charge=9E-3;
    double y, x, interval, max=8.08206E7, min=158.879;
    double duration;
    char str[100];

    pDC->Rectangle( 49, 99, 1901, 1101 );

    CBrush Distribution(RGB(0,0,0));
    CBrush* pBrush;
    pBrush = pDC->SelectObject(&Distribution);
    pDC->Rectangle(50, 100, 100, 1100);
    pDC->SelectObject(pBrush);

    start = clock();

    for (y=100.0; y<1101.0; y++)
        for (x=101.0; x<1901.0; x++)
        {
            if ( (x==xPrime)&&(y==yPrime) )
```

```
            break;

        phi[int(x)-50][int(y)-100] = potential( x, y, xPrime, yPrime, charge );
    }

for (interval=max; interval>min; interval-=(max-min)/900.0)
    for (y=100.0; y<1101.0; y++)
        for (x=101.0; x<1901.0; x++)
        {
            if ( (x==xPrime)&&(y==yPrime) )
                break;

            if ( (phi[int(x)-50][int(y)-100]>interval-(max-min)/80000.0)
              && (phi[int(x)-50][int(y)-100]<interval+(max-min)/80000.0) )
                pDC->SetPixel( int(x), int(y), RGB(255, 0, 0) );
        }

    finish = clock();

    duration = (double)(finish-start)/CLOCKS_PER_SEC;

    pDC->SetTextAlign(TA_CENTER+TA_TOP);
    sprintf( str, "시간=%lf 초", duration );
    pDC->TextOut(1920/2, 20, str);
}

/////////////////////////////////////////////////////////////////////////////
// CMyView printing

BOOL CMyView::OnPreparePrinting(CPrintInfo* pInfo)
{
    // default preparation
    return DoPreparePrinting(pInfo);
}

void CMyView::OnBeginPrinting(CDC* /*pDC*/, CPrintInfo* /*pInfo*/)
{
    // TODO: add extra initialization before printing
```

```
}

void CMyView::OnEndPrinting(CDC* /*pDC*/, CPrintInfo* /*pInfo*/)
{
    // TODO: add cleanup after printing
}

/////////////////////////////////////////////////////////////////////////////
// CMyView diagnostics

#ifdef _DEBUG
void CMyView::AssertValid() const
{
    CView::AssertValid();
}

void CMyView::Dump(CDumpContext& dc) const
{
    CView::Dump(dc);
}

CMyDoc* CMyView::GetDocument() // non-debug version is inline
{
    ASSERT(m_pDocument->IsKindOf(RUNTIME_CLASS(CMyDoc)));
    return (CMyDoc*)m_pDocument;
}
#endif //_DEBUG

/////////////////////////////////////////////////////////////////////////////
// CMyView message handlers

double potential( double x, double y, double xPrime, double yPrime, double charge )
{
    double r;
    r = sqrt( (x-xPrime)*(x-xPrime)+(y-yPrime)*(y-yPrime) );
    return 8.98755E9*charge
        *( 1.0/r - 1.0/sqrt((x+300.0)*(x+300.0)+(y-yPrime)*(y-yPrime)) );
}
```

4.2.3 실행 결과

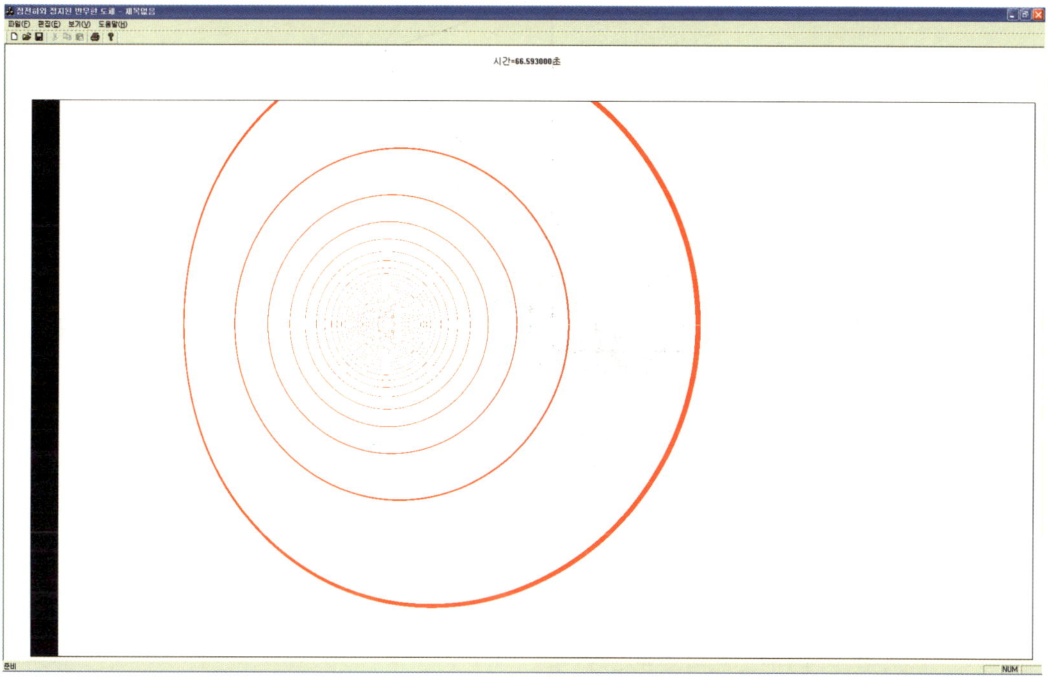

4.3 점전하와 접지된 도체구

4.3.1 이론

반지름이 a인 도체구의 중심에 원점을 둔 구면좌표를 사용하자. 그리고 z축은 중심에서 거리 d만큼 되는 곳에 있는 q를 지나도록 선택한다.

중심에서 거리 d' 떨어져 있는 곳에 하나의 영상전하 q'를 놓고 문제를 해결하고자 한다. 영상전하가 진공 영역이 아닌 곳에 있으려면 $d' < a$이어야 한다.

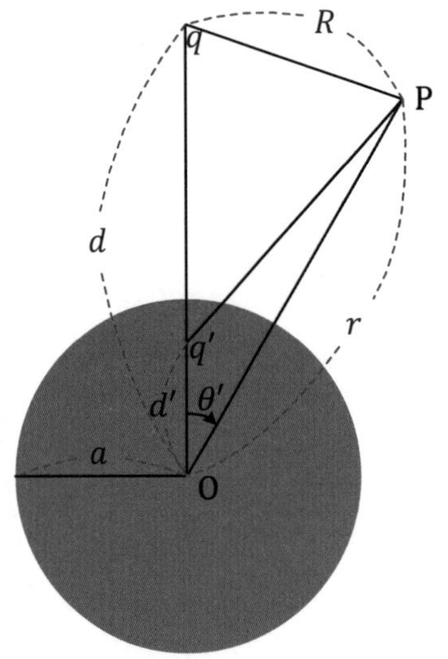

마당의 점 P 에서의 전위는 [26]과 그림으로부터

$$\begin{aligned}\phi(r,\theta,\psi) &= \frac{1}{4\pi\varepsilon_0}\left(\frac{q}{R}+\frac{q'}{R'}\right)\\ &= \frac{1}{4\pi\varepsilon_0}\left(\frac{q}{\sqrt{r^2+d^2-2rd\cos\theta}}+\frac{q'}{\sqrt{r^2+d'^2-2rd'\cos\theta}}\right)\end{aligned} \qquad [28]$$

이다.

한편 위의 식을 도체구의 표면에서 전위가 0 이라는 경계조건

$$\phi(a,\theta,\psi) = 0$$

와 결부시키면

$$\frac{q}{\sqrt{a^2+d^2-2ad\cos\theta}}+\frac{q'}{\sqrt{a^2+d'^2-2ad'\cos\theta}} = 0$$

을 얻는다.

위의 식은 θ의 모든 값에 대해 성립하므로, 어떤 특정한 값에 대해서 성립한다. 특히 $\theta = 0$이거나 $\theta = \pi$이면 분모의 제곱근이 사라진다.

$\theta = 0$과 $\theta = \pi$를 위의 식에 대입하면 연립방정식

$$\begin{cases} \dfrac{q}{d-a} + \dfrac{q'}{a-d'} = 0 \\ \dfrac{q}{d+a} + \dfrac{q'}{a+d'} = 0 \end{cases}$$

을 얻는다.

이 연립방정식을 풀면

$$q' = -\frac{a}{d}q, \quad d' = \frac{a^2}{d}$$

이다.

이 결과를 [28]에 대입하면

$$\phi(r,\theta,\psi) = \frac{q}{4\pi\varepsilon_0}\left(\frac{1}{\sqrt{r^2 + d^2 - 2rd\cos\theta}} - \frac{\frac{a}{d}}{\sqrt{r^2 + \frac{a^4}{d^2} - 2r\frac{a^2}{d}\cos\theta}}\right)$$

을 얻는다. 이 식이 도체구 외부에서의 전위를 나타낸다.

프로그램으로 구현하여 보자.

모니터 화면좌표계에서 도체구의 중심은 (666,555)이고, 도체구의 반지름의 길이는 100 이며, 점전하의 위치는 (888,555)이고 점전하의 크기는 27nC 이다.

우선 Mathematica 에서

```
In[1]:= r[x_, y_] := Sqrt[(x - 666)^2 + (y - 555)^2]

In[2]:= phi[x_, y_] :=
  8.98755 * 27 *
   (1/Sqrt[r[x, y]^2 * 222^2 - 2 * 222 * (x - 666)] -
     (100/289)/Sqrt[r[x, y]^2 + (10000/222)^2 - 2 * (x - 666) * 10000/222]) /; r[x, y] > 100
```

와 같이 전위함수를 정의한다.

전위의 최댓값을 구하기 위해

```
In[3]:= Max[Max[Table[phi[x, y], {x, 50, 1900}, {y, 100, 1100}]]]
```

와 같이 명령한다. 결과는 242.192 이다.

전위의 최솟값을 구하기 위해

```
In[4]:= Min[Min[Table[phi[x, y], {x, 50, 1900}, {y, 100, 1100}]]]
```

와 같이 명령한다. 결과는 0.144745 이다.

실행 결과를 보면 도체구 오른쪽이 비어버리는데 왜 그런지 모르겠다. 이유를 아는 독자는 필자에게 알려주면 고맙겠다.

4.3.2 소스 코드

```
// 점전하와 접지된 도체구View.cpp : implementation of the CMyView class
//

#include "stdafx.h"
```

```
#include "점전하와 접지된 도체구.h"

#include "점전하와 접지된 도체구Doc.h"
#include "점전하와 접지된 도체구View.h"

#include <math.h>

double phi[1851][1001];
double potential( double x, double xCenter, double charge, double r );

#ifdef _DEBUG
#define new DEBUG_NEW
#undef THIS_FILE
static char THIS_FILE[] = __FILE__;
#endif

/////////////////////////////////////////////////////////////////////////////
// CMyView

IMPLEMENT_DYNCREATE(CMyView, CView)

BEGIN_MESSAGE_MAP(CMyView, CView)
    //{{AFX_MSG_MAP(CMyView)
        // NOTE - the ClassWizard will add and remove mapping macros here.
        //    DO NOT EDIT what you see in these blocks of generated code!
    //}}AFX_MSG_MAP
    // Standard printing commands
    ON_COMMAND(ID_FILE_PRINT, CView::OnFilePrint)
    ON_COMMAND(ID_FILE_PRINT_DIRECT, CView::OnFilePrint)
    ON_COMMAND(ID_FILE_PRINT_PREVIEW, CView::OnFilePrintPreview)
END_MESSAGE_MAP()

/////////////////////////////////////////////////////////////////////////////
// CMyView construction/destruction

CMyView::CMyView()
{
    // TODO: add construction code here
```

```
}

CMyView::~CMyView()
{
}

BOOL CMyView::PreCreateWindow(CREATESTRUCT& cs)
{
    // TODO: Modify the Window class or styles here by modifying
    //  the CREATESTRUCT cs

    return CView::PreCreateWindow(cs);
}

/////////////////////////////////////////////////////////////////////////////
// CMyView drawing

void CMyView::OnDraw(CDC* pDC)
{
    CMyDoc* pDoc = GetDocument();
    ASSERT_VALID(pDoc);

    clock_t start, finish;
    double y, x, r, interval, max=242.192, min=0.144745;
    double xCenter=666.0, yCenter=555.0, a=100.0, charge=27E-9;
    double xPrime=888.0, yPrime=555.0;
    double duration;
    char str[100];

    pDC->Rectangle( 49, 99, 1901, 1101 );

    CBrush Distribution(RGB(0,0,0));
    CBrush* pBrush;
    pBrush = pDC->SelectObject(&Distribution);
    pDC->Ellipse(xCenter-a, yCenter-a, xCenter+a, yCenter+a);
    pDC->SelectObject(pBrush);
```

```
    start = clock();

    for (y=100.0; y<1101.0; y++)
        for (x=50.0; x<1901.0; x++)
        {
            r = sqrt( (x-xCenter)*(x-xCenter)+(y-yCenter)*(y-yCenter) );

            if ( r<a )
                break;

            if ( (int(x)==int(xPrime)) && (int(y)==int(yPrime)) )
                break;

            phi[int(x)-50][int(y)-100] = potential( x, xCenter, charge, r );
        }

    for (interval=max; interval>min; interval-=(max-min)/5000.0)
        for (y=100.0; y<1101.0; y++)
            for (x=50.0; x<1901.0; x++)
            {
                if ( r<a )
                    break;

                if ( (int(x)==int(xPrime)) && (int(y)==int(yPrime)) )
                    break;

                if ( (phi[int(x)-50][int(y)-100]>interval-0.004)
                  && (phi[int(x)-50][int(y)-100]<interval+0.004) )
                    pDC->SetPixel( int(x), int(y), RGB(255, 0, 0) );
            }
    finish = clock();

    duration = (double)(finish-start)/CLOCKS_PER_SEC;

    pDC->SetTextAlign(TA_CENTER+TA_TOP);
    sprintf( str, "시간=%lf 초", duration );
    pDC->TextOut(1920/2, 20, str);
}
```

```
/////////////////////////////////////////////////////////////////////////////
// CMyView printing

BOOL CMyView::OnPreparePrinting(CPrintInfo* pInfo)
{
    // default preparation
    return DoPreparePrinting(pInfo);
}

void CMyView::OnBeginPrinting(CDC* /*pDC*/, CPrintInfo* /*pInfo*/)
{
    // TODO: add extra initialization before printing
}

void CMyView::OnEndPrinting(CDC* /*pDC*/, CPrintInfo* /*pInfo*/)
{
    // TODO: add cleanup after printing
}

/////////////////////////////////////////////////////////////////////////////
// CMyView diagnostics

#ifdef _DEBUG
void CMyView::AssertValid() const
{
    CView::AssertValid();
}

void CMyView::Dump(CDumpContext& dc) const
{
    CView::Dump(dc);
}

CMyDoc* CMyView::GetDocument() // non-debug version is inline
{
    ASSERT(m_pDocument->IsKindOf(RUNTIME_CLASS(CMyDoc)));
    return (CMyDoc*)m_pDocument;
```

```
}
#endif //_DEBUG

/////////////////////////////////////////////////////////////////////////////
// CMyView message handlers
double potential( double x, double xCenter, double charge, double r )
{
    double a=100.0, d=888.0-xCenter;
    return 8.98755E9*charge*( 1.0/sqrt(r*r+d*d-2.0*d*(x-xCenter))
      -(a/d)/sqrt(r*r+(a*a*a*a)/(d*d)-2.0*(a*a/d)*(x-xCenter)) );
}
```

4.3.3 실행 결과

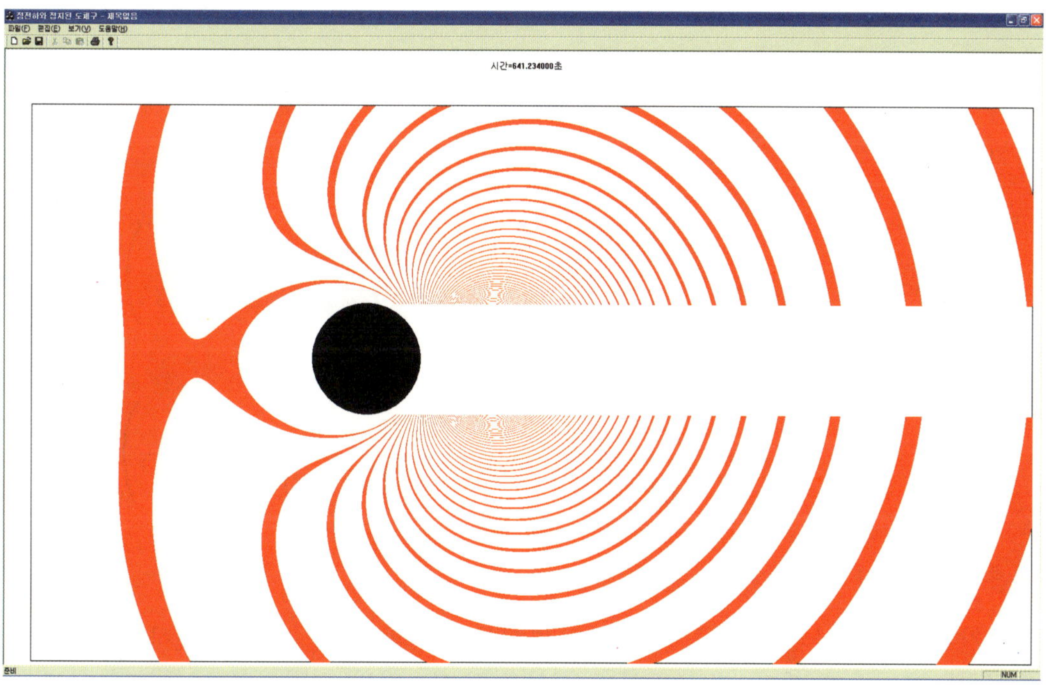

4.4 점전하와 반무한평면 유전체

4.4.1 이론

$x < 0$에 해당되는 영역은 선형 등방 균질 유전체로 채워져 있다. 지금까지와는 달리 전위는 미리 정해져 있지 않다.

진공 영역에서의 전위를 계산하기 위해서 제 2 절에서 그랬던 것과 같이 영상전하를 배치한다. 이번에는 곧바로 $d' = d$을 가정한다. 그러면

$$\phi_{진공} = \frac{1}{4\pi\varepsilon_0}\left(\frac{q}{\sqrt{(x-d)^2+y^2+z^2}} + \frac{q'}{\sqrt{(x+d)^2+y^2+z^2}}\right) \qquad [29]$$

을 얻는다.

위의 식으로부터 전기마당은

$$E_{진공_x} = \frac{1}{4\pi\varepsilon_0}\left(\frac{(x-d)q}{\sqrt{(x-d)^2+y^2+z^2}^3} + \frac{(x+d)q'}{\sqrt{(x+d)^2+y^2+z^2}^3}\right), \qquad [30]$$

$$E_{진공_y} = \frac{y}{4\pi\varepsilon_0}\left(\frac{q}{\sqrt{(x-d)^2+y^2+z^2}^3} + \frac{q'}{\sqrt{(x+d)^2+y^2+z^2}^3}\right) \qquad [31]$$

임을 쉽게 구할 수 있다.

유전체 영역에서의 전위를 계산하기 위해서는 위와 같이 배치된 전하들을 사용할 수 없다. 왜냐하면 위와 같이 배치된 전하들을 사용하면 영상전하가 유전체 안에 위치하게 되는데, 영상법에서 영상전하는 전위를 구하고자 하는 영역이 아닌 곳에 위

치해야 하기 때문이다. 이 경우에는 많은 행운을 기대하면서 아래의 그림

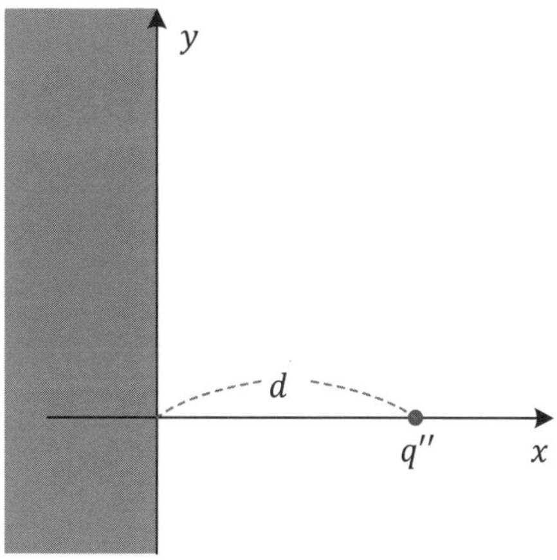

에서 보는 바와 같이 하나의 영상전하 q''이 q 자신의 위치에 있다고 가정하자. 그러면 이 영상전하에 의해 유전체 내부에 발생되는 전위는

$$\phi_{유전체} = \frac{q''}{4\pi\varepsilon_0\sqrt{(x-d)^2+y^2+z^2}} \quad [32]$$

이다.

위의 식으로부터 전기마당은

$$E_{유전체_x} = \frac{(x-d)q''}{4\pi\varepsilon_0\sqrt{(x-d)^2+y^2+z^2}^3}, \quad [33]$$

$$E_{유전체_y} = \frac{yq''}{4\pi\varepsilon_0\sqrt{(x-d)^2+y^2+z^2}^3} \quad [34]$$

임을 쉽게 구할 수 있다.

이제 전기마당의 성분들을 경계조건에 대입한다.

$x = 0$인 평면에서의 경계조건은

$$\hat{\mathbf{n}} \cdot \left(\varepsilon_{진공}\mathbf{E}_{진공} - \varepsilon_{유전체}\mathbf{E}_{유전체}\right) = \varepsilon_0 E_{진공_x} - \varepsilon E_{유전체_x} = 0, \quad [35]$$

$$E_{진공_y} = E_{유전체_y}, \quad [36]$$

$$E_{진공_z} = E_{유전체_z}$$

이다.

경계조건 [35]에 [30]과 [33]을 대입하면

$$\varepsilon_0(-q + q') = \varepsilon(-q'')$$

을 얻는다.

경계조건 [36]에 [31]과 [34]을 대입하면

$$q + q' = q''$$

을 얻는다.

$\frac{\varepsilon}{\varepsilon_0} = \kappa_e$임을 상기하면서 위의 두 식을 연립하여 풀면

$$q' = -\frac{\kappa_e - 1}{\kappa_e + 1}q, \quad q'' = \frac{2q}{\kappa_e + 1}$$

을 얻는다. 이것은 우리가 이 문제를 완전히 풀었다는 것을 의미한다.

위의 두 식을 [29]과 [32]에 대입하면 각각 진공에서의 전위

$$\phi_{진공} = \frac{q}{4\pi\varepsilon_0}\left(\frac{1}{\sqrt{(x-d)^2 + y^2 + z^2}} - \frac{\frac{\kappa_e - 1}{\kappa_e + 1}}{\sqrt{(x+d)^2 + y^2 + z^2}}\right)$$

와 유전체 내부에서의 전위

$$\phi_{유전체} = \frac{\frac{2q}{\kappa_e + 1}}{4\pi\varepsilon_0\sqrt{(x-d)^2 + y^2 + z^2}}$$

를 얻는다.

프로그램으로 구현하여 보자.

물리좌표계에서 모니터 화면좌표계로 변환할 때 주의한다.

유전체의 상대유전율(relative dielectric constant)은 3.4 이고 전하의 크기는 4nC 이다.

화면 좌표계에서 전하의 위치는 (960,1000)이다.

전위함수를

```
In[1]:= phi[x_, y_] := 8.98755 * (8/4.4) / Sqrt[(x - 960)^2 + (y - 1000)^2] /; y ≤ 900

In[2]:= phi[x_, y_] :=
  8.98755 * 4 * (1/Sqrt[(x - 960)^2 + (y - 1000)^2] - (2.4/4.4)/Sqrt[(x - 960)^2 + (y - 800)^2]) /; y > 900
```

와 같이 정의한다.

전위의 최댓값을 구하기 위해

```
In[3]:= Max[Max[Table[phi[x, y], {x, 50, 1900}, {y, 100, 1100}]]]
```

와 같이 명령한다. 결과는 35.8526 이다.

전위의 최솟값을 구하기 위해

```
In[4]:= Min[Min[Table[phi[x, y], {x, 50, 1900}, {y, 100, 1100}]]]
```

와 같이 명령한다. 결과는 0.0125566 이다.

4.4.2 소스 코드

```
// 점전하와 반무한평면 유전체View.cpp : implementation of the CMyView class
//

#include "stdafx.h"
#include "점전하와 반무한평면 유전체.h"

#include "점전하와 반무한평면 유전체Doc.h"
#include "점전하와 반무한평면 유전체View.h"

#include "math.h"

double phi[1851][1051];
double potentialDielectric(double relativeDielectricConstant, double charge, double r);
double potentialVacuum( double relativeDielectricConstant, double charge, double r,
                        double x, double y );

#ifdef _DEBUG
#define new DEBUG_NEW
#undef THIS_FILE
static char THIS_FILE[] = __FILE__;
#endif

/////////////////////////////////////////////////////////////////////////////
// CMyView
IMPLEMENT_DYNCREATE(CMyView, CView)

BEGIN_MESSAGE_MAP(CMyView, CView)
    //{{AFX_MSG_MAP(CMyView)
        // NOTE - the ClassWizard will add and remove mapping macros here.
        //    DO NOT EDIT what you see in these blocks of generated code!
    //}}AFX_MSG_MAP
    // Standard printing commands
    ON_COMMAND(ID_FILE_PRINT, CView::OnFilePrint)
    ON_COMMAND(ID_FILE_PRINT_DIRECT, CView::OnFilePrint)
    ON_COMMAND(ID_FILE_PRINT_PREVIEW, CView::OnFilePrintPreview)
```

```
END_MESSAGE_MAP()

/////////////////////////////////////////////////////////////////////////////
// CMyView construction/destruction

CMyView::CMyView()
{
    // TODO: add construction code here

}

CMyView::~CMyView()
{
}

BOOL CMyView::PreCreateWindow(CREATESTRUCT& cs)
{
    // TODO: Modify the Window class or styles here by modifying
    //  the CREATESTRUCT cs

    return CView::PreCreateWindow(cs);
}

/////////////////////////////////////////////////////////////////////////////
// CMyView drawing

void CMyView::OnDraw(CDC* pDC)
{
    CMyDoc* pDoc = GetDocument();
    ASSERT_VALID(pDoc);

    clock_t start, finish;
    double y, x, r, interval, max=35.8526, min=0.0125566;
    double xPrime=960.0, yPrime=1000.0, charge=4E-9;
    double relativeDielectricConstant=3.4;
    double duration;
    char str[100];
```

```
pDC->Rectangle( 49, 99, 1901, 1101 );
CBrush Distribution(RGB(0,0,0));
CBrush* pBrush;
pBrush = pDC->SelectObject(&Distribution);
pDC->Rectangle(50, 100, 1900, 900);
pDC->SelectObject(pBrush);

pDC->MoveTo( int(xPrime)-5, int(yPrime) );
pDC->LineTo( int(xPrime)+5, int(yPrime) );
pDC->MoveTo( int(xPrime), int(yPrime)-5 );
pDC->LineTo( int(xPrime), int(yPrime)+5 );

start = clock();

for (y=100.0; y<1101.0; y++)
    for (x=50.0; x<1901.0; x++)
    {
        r = sqrt((x-xPrime)*(x-xPrime)+(y-yPrime)*(y-yPrime));

        if ( (y<901.0) )
            phi[int(x)-50][int(y)-100]
              = potentialDielectric( relativeDielectricConstant, charge, r );
        else if ( (x==xPrime)&&(y==yPrime) )
            break;
        else
            phi[int(x)-50][int(y)-100]
              = potentialVacuum( relativeDielectricConstant, charge, r, x, y );
    }

for (interval=max; interval>min; interval-=(max-min)/4000.0)
    for (y=100.0; y<1101.0; y++)
        for (x=50.0; x<1901.0; x++)
        {
            if ( (x==xPrime)&&(y==yPrime) )
                break;

            if ( (phi[int(x)-50][int(y)-100]>interval-0.001)
              && (phi[int(x)-50][int(y)-100]<interval+0.001) )
```

```
                pDC->SetPixel( int(x), int(y), RGB(255, 0, 0) );
        }

    finish = clock();

    duration = (double)(finish-start)/CLOCKS_PER_SEC;

    pDC->SetTextAlign( TA_CENTER + TA_TOP );
    sprintf( str, "시간=%lf 초", duration );
    pDC->TextOut(1920/2, 20, str);
}

/////////////////////////////////////////////////////////////////////////////
// CMyView printing

BOOL CMyView::OnPreparePrinting(CPrintInfo* pInfo)
{
    // default preparation
    return DoPreparePrinting(pInfo);
}

void CMyView::OnBeginPrinting(CDC* /*pDC*/, CPrintInfo* /*pInfo*/)
{
    // TODO: add extra initialization before printing
}

void CMyView::OnEndPrinting(CDC* /*pDC*/, CPrintInfo* /*pInfo*/)
{
    // TODO: add cleanup after printing
}

/////////////////////////////////////////////////////////////////////////////
// CMyView diagnostics

#ifdef _DEBUG
void CMyView::AssertValid() const
{
    CView::AssertValid();
```

```
}

void CMyView::Dump(CDumpContext& dc) const
{
    CView::Dump(dc);
}

CMyDoc* CMyView::GetDocument() // non-debug version is inline
{
    ASSERT(m_pDocument->IsKindOf(RUNTIME_CLASS(CMyDoc)));
    return (CMyDoc*)m_pDocument;
}
#endif //_DEBUG

/////////////////////////////////////////////////////////////////////////////
// CMyView message handlers

double potentialDielectric( double relativeDielectricConstant, double charge, double r )
{
    double qPrimePrime;
    qPrimePrime = (2.0*charge)/(relativeDielectricConstant+1.0);
    return 8.98755E9*(qPrimePrime/r);
}

double potentialVacuum( double relativeDielectricConstant, double charge, double r,
                        double x, double y )
{
    double qPrime;
    qPrime=-((relativeDielectricConstant-1.0)/(relativeDielectricConstant+1.0))*charge;
    return 8.98755E9*(charge/r+qPrime/sqrt((x-960.0)*(x-960.0)+(y-800.0)*(y-800.0)));
}
```

4.4.3 실행 결과

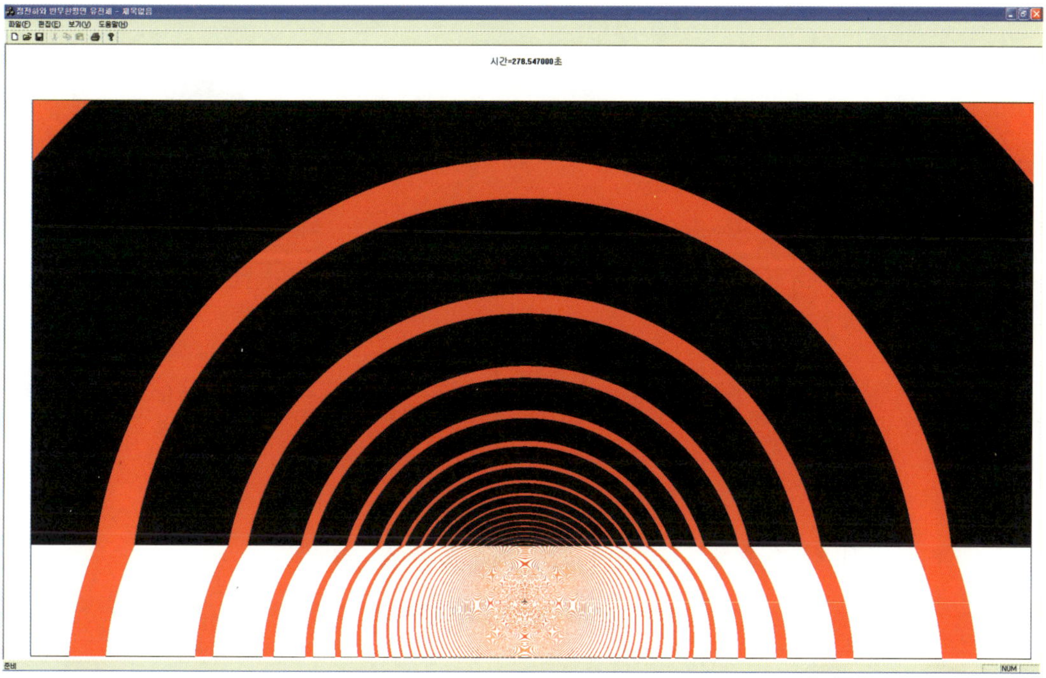

5 변수분리법(Separation of Variables)

5.1 이론

구면좌표계에서 라플라스 방정식은

$$\frac{1}{r^2}\frac{\partial}{\partial r}\left[r^2\frac{\partial \phi}{\partial r}\right]+\frac{1}{r^2\sin\theta}\frac{\partial}{\partial\theta}\left[\sin\theta\frac{\partial\phi}{\partial\theta}\right]+\frac{1}{r^2\sin^2\theta}\frac{\partial^2\phi}{\partial\psi^2}=0 \qquad [37]$$

과 같이 된다.

문제를 간단히 하기 위해 ψ가 ϕ에 독립이라고 하자. 즉

$$\phi=\phi(r,\theta)$$

이면 [37]은

$$\frac{\partial}{\partial r}\left[r^2\frac{\partial \phi}{\partial r}\right]+\frac{1}{\sin\theta}\frac{\partial}{\partial\theta}\left[\sin\theta\frac{\partial\phi}{\partial\theta}\right]=0 \qquad [38]$$

이 된다.

우리는

$$\phi(r,\theta)=R(r)T(\theta) \qquad [39]$$

과 같이 단일변수 함수들의 곱의 형태로 된 해를 가정하여 [38]을 풀고자 한다.

위의 식을 [38]에 대입하면

$$\frac{\partial}{\partial r}\left[r^2 T(\theta)\frac{dR(r)}{dr}\right]+\frac{1}{\sin\theta}\frac{\partial}{\partial\theta}\left[R(r)\sin\theta\frac{dT(\theta)}{d\theta}\right]=0,$$

$$T(\theta)\frac{d}{dr}\left[r^2\frac{dR(r)}{dr}\right]+R(r)\frac{1}{\sin\theta}\frac{d}{d\theta}\left[\sin\theta\frac{dT(\theta)}{d\theta}\right]=0$$

이다.

양변을 [39]으로 나누면

$$\frac{1}{R(r)}\frac{d}{dr}\left[r^2\frac{dR(r)}{dr}\right]+\frac{1}{T(\theta)}\frac{1}{\sin\theta}\frac{d}{d\theta}\left[\sin\theta\frac{dT(\theta)}{d\theta}\right]=0$$

이다. 이 식을

$$\frac{1}{R(r)}\frac{d}{dr}\left[r^2\frac{dR(r)}{dr}\right]=-\frac{1}{T(\theta)}\frac{1}{\sin\theta}\frac{d}{d\theta}\left[\sin\theta\frac{dT(\theta)}{d\theta}\right] \qquad [40]$$

과 같이 변형하자.

위 식에서 좌변(left side)은 r만의 함수이고 우변(right side)은 θ만의 함수이다. 위 식은 서로 다른 독립변수인 r과 θ의 모든 값에 대해 항상 같아야 한다. 이것은 양변이 동일한 상수와 같을 때에만 가능하다. 이 상수를 k라고 하면

$$\frac{1}{R(r)}\frac{d}{dr}\left[r^2\frac{dR(r)}{dr}\right]=k$$

이다.

약간의 대수조작을 하면

$$\frac{d}{dr}\left[r^2\frac{dR(r)}{dr}\right]=kR(r),$$

$$\frac{d}{dr}\left[r^2\frac{dR(r)}{dr}\right]-kR(r)=0,$$

$$2r\frac{dR(r)}{dr}+r^2\frac{d^2R(r)}{dr^2}-kR(r)=0$$

을 얻게 된다.

위의 미분방정식을 풀기 위해서 $R(r) = \alpha r^l$ 꼴의 해를 시도해 보자. 여기에서 l은 상수이다.

$R(r) = \alpha r^l$을 위의 미분방정식에 대입하면

$$2r\left(\alpha l r^{l-1}\right) + r^2\left(\alpha l(l-1)r^{l-2}\right) - k\alpha r^l = 0,$$

이다. 정리하면

$$(l(l+1) - k)R(r) = 0$$

을 얻게 된다.

$R(r) = 0$이면 모든 곳에서 $\phi = 0$이다. 우리는 이것을 바라지 않으므로

$$k = l(l+1)$$

임을 알 수 있다.

위의 식은 [40]의 우변과 같으므로

$$-\frac{1}{T(\theta)}\frac{1}{\sin\theta}\frac{d}{d\theta}\left[\sin\theta\frac{dT(\theta)}{d\theta}\right] = l(l+1)$$

으로 쓸 수 있다.

이 책의 범위를 벗어나므로 더 이상의 과정은 생략하고 최종 결과만을 기술하면

$$\phi(r,\theta) = \sum_{l=0}^{\infty}\left(A_l r^l + \frac{B_l}{r^{l+1}}\right)P_l(\cos\theta) \qquad [41]$$

이다. 이 식이 바로 축대칭인 경우의 라플라스 방정식의 일반해(general solution)이다. 여기에서 $P_l(\cos\theta)$은 르장드르 다항식(Legendre's polynomial)이다. 즉

$$P_0(\cos\theta) = 1, \quad P_1(\cos\theta) = \cos\theta, \quad P_2(\cos\theta) = \frac{3\cos^2\theta - 1}{2}, \quad \cdots$$

이다.

5.2 균일한 전기마당 내의 접지된 도체구

5.2.1 이론

균일한 전기마당 $\mathbf{E}_0$인 영역에 반지름이 a인 도체구를 넣고 접지시킨다. 도체구의 중심을 원점으로 선택하고, z축을 전기마당의 방향으로 선택하자. 그러면 $\mathbf{E}_0 = E_0\hat{\mathbf{z}}$이다.

이 상황은 축대칭이므로 전위는 [41]으로 주어진다.

도체구의 내부에서 $\phi = 0$이라는 사실은 독자가 잘 알고 있을 것이므로, 우리는 $r \geq a$인 영역에서 전위를 구하면 된다. 목적을 달성하기 위해서는 경계조건을 활용해야 한다.

도체구의 표면에서 $\phi = 0$이므로

$$\phi(a,\theta) = 0$$

이다.

위 식을 [41]에 대입하면

$$\sum_{l=0}^{\infty}\left(A_l a^l + \frac{B_l}{a^{l+1}}\right)P_l(\cos\theta) = 0$$

을 얻는다.

자세한 논의는 생략하겠는데 위 식에서 괄호 안은 0이다. 따라서

$$B_l = -a^{2l+1}A_l$$

이고, [41]은

$$\phi(r,\theta) = \sum_{l=0}^{\infty} A_l\left(r^l - \frac{a^{2l+1}}{r^{l+1}}\right)P_l(\cos\theta) \qquad [42]$$

이 된다.

한편, 우리는 도체구의 존재 때문에 원래의 균일한 전기마당이 변하지만, 도체구에서 멀어질수록 전기마당은 원래의 균일한 전기마당과 가까워질 것이라고 예상할 수 있다. 식으로 나타내면

$$\lim_{r\to\infty} \mathbf{E}(r,\theta) = E_0\hat{\mathbf{z}}$$

이다.

그런데 $\mathbf{E} = -\boldsymbol{\nabla}\phi$이므로 전위를 사용하여 위의 식을 표현하면

$$\lim_{r\to\infty} \phi(r,\theta) = -E_0 z = -E_0 r\cos\theta$$

이다.

위의 식을 [42]에 적용하면

$$\sum_{l=0}^{\infty} A_l r^l P_l(\cos\theta) = -E_0 r\cos\theta = -E_0 r P_1(\cos\theta)$$

이다.

자세한 논의는 생략하고 최종 결과를 말하면

$$\phi(r,\theta) = -E_0 r\cos\theta + \frac{a^3 E_0\cos\theta}{r^2}$$

이다.

위의 식에서 첫째항은 바로 원래의 균일한 전기장을 나타낸다.

프로그램으로 구현하여 보자.

도체구의 중심은 (960,555)이고 반지름은 111 이다.

Mathematica 에서 아래

```
In[1]:= r[x_, y_] := Sqrt[(x - 960)^2 + (y - 555)^2]

In[2]:= phi[x_, y_] := -394 (x - 960) + (111^3 * 394 * (x - 960))/r[x, y]^3 /; r[x, y] > 111
```

와 같이 전위함수를 정의한다.

최댓값을 구하기 위해

```
In[3]:= Max[Max[Table[phi[x, y], {x, 50, 1900}, {y, 100, 1100}]]]
```

와 같이 명령한다. 결과는 358129.1 이다.

최솟값을 구하기 위해

```
In[4]:= Min[Min[Table[phi[x, y], {x, 50, 1900}, {y, 100, 1100}]]]
```

와 같이 명령한다. 결과는 −369965.2이다.

실행 결과를 보면 도체구 오른쪽이 또 비어버리게 된다. 왜 그런지 이유를 아는 독자는 필자에게 알려주면 고맙겠다.

5.2.2 소스 코드

```
// 균일한 전기마당 내의 접지된 도체구View.cpp : implementation of the CMyView class
//

#include "stdafx.h"
#include "균일한 전기마당 내의 접지된 도체구.h"

#include "균일한 전기마당 내의 접지된 도체구Doc.h"
#include "균일한 전기마당 내의 접지된 도체구View.h"

#include <math.h>

double phi[1851][1001];
double potential( double x, double y, double xCenter, double yCenter,
                  double r, double a );

#ifdef _DEBUG
#define new DEBUG_NEW
#undef THIS_FILE
```

```
static char THIS_FILE[] = __FILE__;
#endif

/////////////////////////////////////////////////////////////////////////////
// CMyView

IMPLEMENT_DYNCREATE(CMyView, CView)

BEGIN_MESSAGE_MAP(CMyView, CView)
    //{{AFX_MSG_MAP(CMyView)
        // NOTE - the ClassWizard will add and remove mapping macros here.
        //    DO NOT EDIT what you see in these blocks of generated code!
    //}}AFX_MSG_MAP
    // Standard printing commands
    ON_COMMAND(ID_FILE_PRINT, CView::OnFilePrint)
    ON_COMMAND(ID_FILE_PRINT_DIRECT, CView::OnFilePrint)
    ON_COMMAND(ID_FILE_PRINT_PREVIEW, CView::OnFilePrintPreview)
END_MESSAGE_MAP()

/////////////////////////////////////////////////////////////////////////////
// CMyView construction/destruction

CMyView::CMyView()
{
    // TODO: add construction code here

}

CMyView::~CMyView()
{
}

BOOL CMyView::PreCreateWindow(CREATESTRUCT& cs)
{
    // TODO: Modify the Window class or styles here by modifying
    //  the CREATESTRUCT cs

    return CView::PreCreateWindow(cs);
```

```
}

///////////////////////////////////////////////////////////////////////////////
// CMyView drawing

void CMyView::OnDraw(CDC* pDC)
{
    CMyDoc* pDoc = GetDocument();
    ASSERT_VALID(pDoc);

    clock_t start, finish;
    double xCenter=960.0, yCenter=555.0, a=111.0;
    double y, x, r;
    double interval, max=358129.1, min=-369965.2;
    double duration;
    char str[100];

    pDC->Rectangle( 49, 99, 1901, 1101 );

    CBrush Distribution(RGB(0,0,0));
    CBrush* pBrush;
    pBrush = pDC->SelectObject(&Distribution);
    pDC->Ellipse(xCenter-a, yCenter-a, xCenter+a, yCenter+a);
    pDC->SelectObject(pBrush);

    start = clock();

    for (y=100.0; y<1101.0; y++)
        for (x=50.0; x<1901.0; x++)
        {
            r = sqrt( (x-xCenter)*(x-xCenter)+(y-yCenter)*(y-yCenter) );

            if ( r<a )
                break;

            phi[int(x)-50][int(y)-100] = potential( x, y, xCenter, yCenter, r, a );
        }
```

```
    for (interval=max; interval>min; interval-=(max-min)/50.0)
        for (y=100.0; y<1101.0; y++)
            for (x=50.0; x<1901.0; x++)
            {
                r = sqrt( (x-xCenter)*(x-xCenter)+(y-yCenter)*(y-yCenter) );

                if ( r<a )
                    break;

                if ( (phi[int(x)-50][int(y)-100]>interval-(max-min)/2000.0)
                  && (phi[int(x)-50][int(y)-100]<interval+(max-min)/2000.0) )
                    if ( phi[int(x)-50][int(y)-100]>0.0 )
                        pDC->SetPixel( int(x), int(y), RGB(255, 0, 0) );
                    else if ( phi[int(x)-50][int(y)-100]<0.0 )
                        pDC->SetPixel( int(x), int(y), RGB(0, 0, 255) );
                    else
                        pDC->SetPixel( int(x), int(y), RGB(255, 0, 255) );
            }

    finish = clock();

    duration = (double)(finish-start)/CLOCKS_PER_SEC;

    pDC->SetTextAlign(TA_CENTER+TA_TOP);
    sprintf( str, "시간=%lf 초", duration );
    pDC->TextOut(1920/2, 20, str);
}

/////////////////////////////////////////////////////////////////////////////
// CMyView printing

BOOL CMyView::OnPreparePrinting(CPrintInfo* pInfo)
{
    // default preparation
    return DoPreparePrinting(pInfo);
}

void CMyView::OnBeginPrinting(CDC* /*pDC*/, CPrintInfo* /*pInfo*/)
```

```
{
    // TODO: add extra initialization before printing
}

void CMyView::OnEndPrinting(CDC* /*pDC*/, CPrintInfo* /*pInfo*/)
{
    // TODO: add cleanup after printing
}

/////////////////////////////////////////////////////////////////////////////
// CMyView diagnostics

#ifdef _DEBUG
void CMyView::AssertValid() const
{
    CView::AssertValid();
}

void CMyView::Dump(CDumpContext& dc) const
{
    CView::Dump(dc);
}

CMyDoc* CMyView::GetDocument() // non-debug version is inline
{
    ASSERT(m_pDocument->IsKindOf(RUNTIME_CLASS(CMyDoc)));
    return (CMyDoc*)m_pDocument;
}
#endif //_DEBUG

/////////////////////////////////////////////////////////////////////////////
// CMyView message handlers

double potential( double x, double y, double xCenter, double yCenter,
                  double r, double a )
{
    double field0=394.0;
    return (a*a*a*field0*(x-xCenter))/(r*r*r)-field0*(x-xCenter);
```

```
}
```

5.2.3 실행 결과

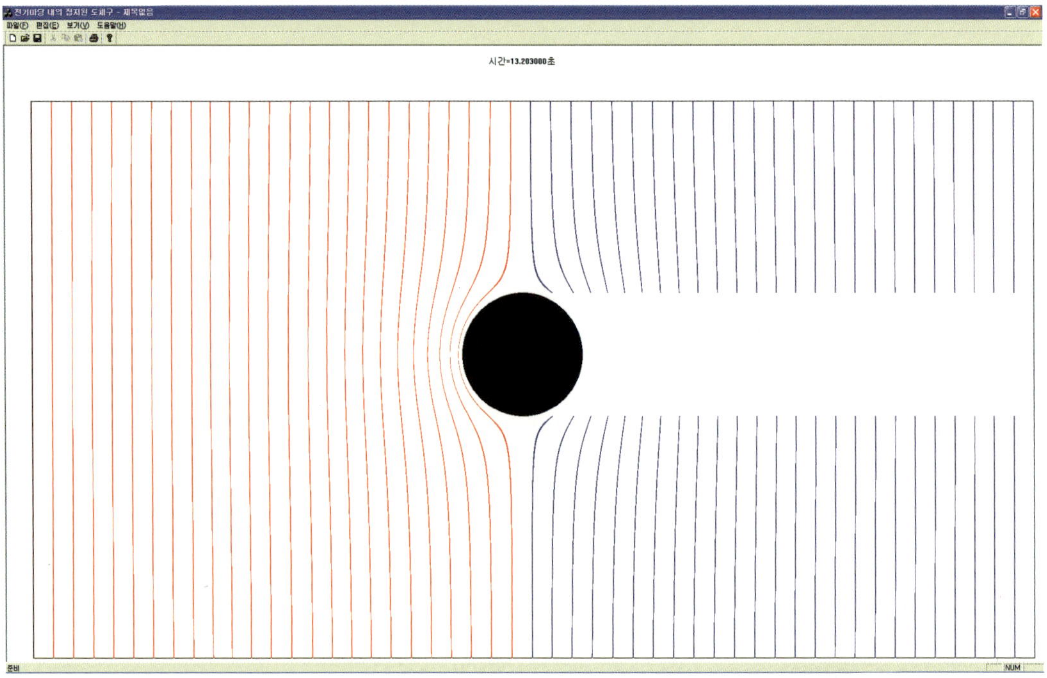

5.3 균일한 전기마당 내의 유전체구

5.3.1 이론

균일한 전기마당 $\mathbf{E}_0$인 영역에 반지름이 a이고 대전되지 않은 유전체구를 넣는다.

이 문제의 경우에 유전체구는 일정한 전위를 가지고 있지 않으며 유전체구 내부의 전위도 반드시 일정할 필요가 없다. $r > a$인 경우와 $r < a$인 경우로 나누어 생각한다.

이전의 section 에서처럼 유전체구에서 멀어질수록 전기마당은 원래의 균일한 전기마당에 가까워질 것이다. 식으로 나타내면

$$\lim_{r\to\infty} \phi_{\text{밖}}(r,\theta) = -E_0 r\cos\theta$$

이다.

유전체의 표면은 유전체와 진공 사이의 불연속면이다. 유전체의 표면에서 전기마당의 접선성분(tangential component)과 전기변위(electric displacement)의 법선성분(normal component)은 연속이다. 이 경계조건을 전위를 사용하여 표현하면

$$\left[-\varepsilon_0\frac{\partial\phi_{\text{밖}}}{\partial r}\right]_{r=a} = \left[-\varepsilon\frac{\partial\phi_{\text{안}}}{\partial r}\right]_{r=a}, \quad \left[-\frac{1}{r}\frac{\partial\phi_{\text{밖}}}{\partial\theta}\right]_{r=a} = \left[-\frac{1}{r}\frac{\partial\phi_{\text{안}}}{\partial\theta}\right]_{r=a}$$

이다.

마지막으로 또 하나의 조건이 있다. 가정에 의하여 유전체구 내부에는 자유점전하가 존재하지 않으므로 $r = 0$에서 ϕ가 유한하다.

이 책의 범위를 넘어서므로 중간 과정은 생략하고 모든 경계조건을 만족시키는 최종 결과만을 기술하면

$$\phi_{\text{밖}} = -E_0 r\cos\theta + \frac{\kappa_e - 1}{\kappa_e + 2}\frac{a^3 E_0\cos\theta}{r^2}, \quad \phi_{\text{안}} = -\frac{3E_0}{\kappa_e + 2} r\cos\theta$$

이다.

이전의 section 과 다른 상황은 같고 $\kappa_e = 3$이라고 하자.

우선 Mathematica 에서 전위함수를

```
In[1]:= r[x_, y_] := Sqrt[(x - 960)^2 + (y - 555)^2]

In[2]:= phi[x_, y_] := -394 (x - 960) + 2/5 * (111^3 * 394 * (x - 960))/r[x, y]^3 /; r[x, y] > 111

In[3]:= phi[x_, y_] := -(3 * 394)/5 * (x - 960) /; r[x, y] ≤ 111
```

와 같이 정의한다.

최댓값을 구하기 위해

```
In[4]:= Max[Max[Table[phi[x, y], {x, 50, 1900}, {y, 100, 1100}]]]
```

와 같이 명령한다. 결과는 358375.7 이다.

최솟값을 구하기 위해

```
In[5]:= Min[Min[Table[phi[x, y], {x, 50, 1900}, {y, 100, 1100}]]]
```

와 같이 명령한다. 결과는 −370202.1이다.

5.3.2 소스 코드

```
// 균일한 전기마당 내의 유전체구View.cpp : implementation of the CMyView class
//

#include "stdafx.h"
#include "균일한 전기마당 내의 유전체구.h"

#include "균일한 전기마당 내의 유전체구Doc.h"
#include "균일한 전기마당 내의 유전체구View.h"

#include <math.h>

double phi[1851][1001];
double potentialOut( double x, double xCenter, double r, double radius );
double potentialIn( double x, double xCenter, double r, double radius );
double field0=394.0;

#ifdef _DEBUG
#define new DEBUG_NEW
#undef THIS_FILE
static char THIS_FILE[] = __FILE__;
#endif
```

```
/////////////////////////////////////////////////////////////////////////////
// CMyView

IMPLEMENT_DYNCREATE(CMyView, CView)

BEGIN_MESSAGE_MAP(CMyView, CView)
    //{{AFX_MSG_MAP(CMyView)
        // NOTE - the ClassWizard will add and remove mapping macros here.
        //    DO NOT EDIT what you see in these blocks of generated code!
    //}}AFX_MSG_MAP
    // Standard printing commands
    ON_COMMAND(ID_FILE_PRINT, CView::OnFilePrint)
    ON_COMMAND(ID_FILE_PRINT_DIRECT, CView::OnFilePrint)
    ON_COMMAND(ID_FILE_PRINT_PREVIEW, CView::OnFilePrintPreview)
END_MESSAGE_MAP()

/////////////////////////////////////////////////////////////////////////////
// CMyView construction/destruction

CMyView::CMyView()
{
    // TODO: add construction code here

}

CMyView::~CMyView()
{
}

BOOL CMyView::PreCreateWindow(CREATESTRUCT& cs)
{
    // TODO: Modify the Window class or styles here by modifying
    //  the CREATESTRUCT cs

    return CView::PreCreateWindow(cs);
}
```

```
////////////////////////////////////////////////////////////////////////////
// CMyView drawing

void CMyView::OnDraw(CDC* pDC)
{
    CMyDoc* pDoc = GetDocument();
    ASSERT_VALID(pDoc);

    clock_t start, finish;
    double xCenter=960.0, yCenter=555.0, radius=111.0;
    double y, x, r;
    double interval, max=358375.7, min=-370202.1;
    double duration;
    char str[100];

    pDC->Rectangle( 49, 99, 1901, 1101 );

    CBrush Distribution(RGB(0,0,0));
    CBrush* pBrush;
    pBrush = pDC->SelectObject(&Distribution);
    pDC->Ellipse(xCenter-radius, yCenter-radius, xCenter+radius, yCenter+radius);
    pDC->SelectObject(pBrush);

    start = clock();

    for (y=100.0; y<1101.0; y++)
        for (x=50.0; x<1901.0; x++)
        {
            if ( (x==xCenter)&&(y==yCenter) )
                break;

            r = sqrt( (x-xCenter)*(x-xCenter)+(y-yCenter)*(y-yCenter) );

            if ( r>radius )
                phi[int(x)-50][int(y)-100] = potentialOut( x, xCenter, r, radius );
            else
                phi[int(x)-50][int(y)-100] = potentialIn( x, xCenter, r, radius );
        }
```

```
    for (interval=max; interval>=min; interval-=(max-min)/100.0)
        for (y=100.0; y<1101.0; y++)
            for (x=50.0; x<1901.0; x++)
            {
                if ( (x==xCenter)&&(y==yCenter) )
                    break;

                if ( (phi[int(x)-50][int(y)-100]>interval-(max-min)/2500.0)
                  && (phi[int(x)-50][int(y)-100]<interval+(max-min)/2500.0) )
                    if ( phi[int(x)-50][int(y)-100]>0.0 )
                        pDC->SetPixel( int(x), int(y), RGB(255, 0, 0) );
                    else if ( phi[int(x)-50][int(y)-100]<0.0 )
                        pDC->SetPixel( int(x), int(y), RGB(0, 0, 255) );
                    else
                        pDC->SetPixel( int(x), int(y), RGB(255, 0, 255) );
            }

    finish = clock();

    duration = (double)(finish-start)/CLOCKS_PER_SEC;

    pDC->SetTextAlign(TA_CENTER+TA_TOP);
    sprintf( str, "시간=%lf 초", duration );
    pDC->TextOut(960, 20, str);
}

/////////////////////////////////////////////////////////////////////////////
// CMyView printing

BOOL CMyView::OnPreparePrinting(CPrintInfo* pInfo)
{
    // default preparation
    return DoPreparePrinting(pInfo);
}

void CMyView::OnBeginPrinting(CDC* /*pDC*/, CPrintInfo* /*pInfo*/)
{
```

```
    // TODO: add extra initialization before printing
}

void CMyView::OnEndPrinting(CDC* /*pDC*/, CPrintInfo* /*pInfo*/)
{
    // TODO: add cleanup after printing
}

/////////////////////////////////////////////////////////////////////////////
// CMyView diagnostics

#ifdef _DEBUG
void CMyView::AssertValid() const
{
    CView::AssertValid();
}

void CMyView::Dump(CDumpContext& dc) const
{
    CView::Dump(dc);
}

CMyDoc* CMyView::GetDocument() // non-debug version is inline
{
    ASSERT(m_pDocument->IsKindOf(RUNTIME_CLASS(CMyDoc)));
    return (CMyDoc*)m_pDocument;
}
#endif //_DEBUG

/////////////////////////////////////////////////////////////////////////////
// CMyView message handlers
double potentialOut( double x, double xCenter, double r, double radius )
{
    return 0.4*((radius*radius*radius*field0*(x-xCenter))/(r*r*r))-field0*(x-xCenter);
}

double potentialIn( double x, double xCenter, double r, double radius )
{
```

```
    return -0.6*field0*(x-xCenter);
}
```

5.3.3 실행 결과

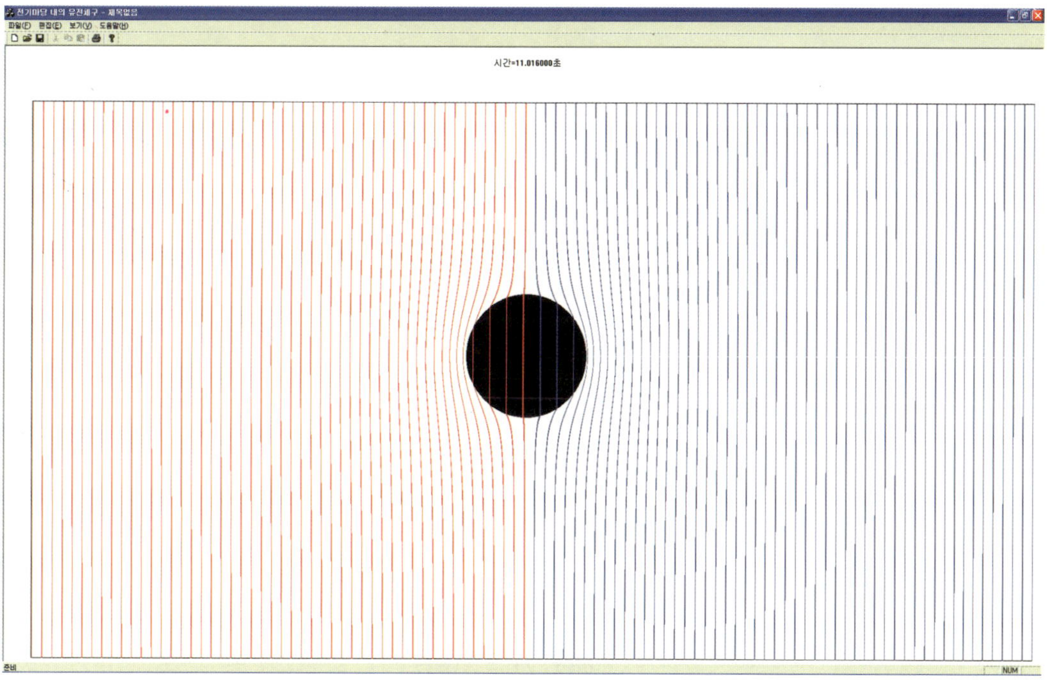

5.4 푸리에 급수를 이용한 경계값 문제

5.4.1 이론

여기서 다룰 문제는 David Jeffrey Griffiths 의 책에 나오는 문제이다. 문제의 상황은 다음과 같다. 3 차원 공간 상에 2 개의 접지된 반무한금속판이 놓여 있는데 하나는 $y = 0$에 놓여 있고 다른 하나는 $y = a$에 놓여 있다. 그리고 두 금속판은 $x = 0$에서 절연된 무한 strip 으로 연결되어 있다. 이때 두 무한금속판 사이에서 전위가 어떻게 되는지 구하는 것이다. 우리는 경계조건을

$$\phi(y = 0) = \phi(y = a) = 0, \tag{43}$$

$$\phi(x = 0) = V \qquad 0 \le y \le a, \tag{44}$$

$$\lim_{x\to\infty} \phi(x) = 0 \tag{45}$$

과 같이 정리할 수 있다. 마지막 경계조건의 경우 물리적으로 그렇게 되야 한다.

퍼텐셜은 라플라스 방정식을 만족한다. 즉

$$\frac{\partial^2 \phi(x,y)}{\partial x^2} + \frac{\partial^2 \phi(x,y)}{\partial y^2} = 0 \tag{46}$$

이 성립한다. 전위가 z에 독립이기 때문에 사실상 이차원 문제이다. 따라서 방정식에 z를 쓰지 않았다.

위의 방정식을 풀기 위하여

$$\phi(x,y) = X(x)Y(y)$$

을 시도하여 보자.

위의 식을 [46]에 대입하면

$$Y(y)\frac{d^2X(x)}{dx^2} + X(x)\frac{d^2Y(y)}{dy^2} = 0$$

이다.

위의 식을 $\phi(x,y)$으로 나누면

$$\frac{1}{X(x)}\frac{d^2X(x)}{dx^2}+\frac{1}{Y(y)}\frac{d^2Y(y)}{dy^2}=0$$

이다.

우리는 위의 식을

$$\frac{1}{X(x)}\frac{d^2X(x)}{dx^2}=C_1,\quad \frac{1}{Y(y)}\frac{d^2Y(y)}{dy^2}=C_2,\quad C_1+C_2=0 \qquad [47]$$

과 같이 놓을 수 있다.

우리는 두 가지 가능성을 생각할 수 있다. 한 가지 가능성은 두 상수 중에서 하나는 양수이고 다른 상수는 음수라는 가능성이다. 다른 가능성은 두 상수 모두 0 이라는 가능성이다. 일반적으로 우리는 모든 가능성을 조사해 봐야 하지만, 지금 우리의 경우에 C_1는 양수이고 C_2는 음수이다.

그럼 C_1가 음수이고 C_2가 양수인 경우는? 우선 C_1가 음수이고 C_2가 양수인 경우 어떻게 되는지 조사하여 보자. 이 경우에 우리는 위의 식을

$$\frac{d^2X(x)}{dx^2}=-k^2X(x),\quad \frac{d^2Y(y)}{dy^2}=k^2Y(y)$$

과 같이 쓸 수 있다.

위의 두 상미분방정식의 해는

$$X(x)=A\sin kx+B\cos kx\,,\quad Y(y)=Ce^{ky}+De^{-ky}$$

이다.

따라서 C_1가 음수이고 C_2가 양수인 경우

$$\phi(x,y)=(A\sin kx+B\cos kx)\left(Ce^{ky}+De^{-ky}\right)$$

이 된다.

이제 경계조건을 적용해 보아라. 어떤 문제점이 발생하는가? 우선 경계조건 [45]을 만족시킬 수 없음을 알 수 있다. 또한 [43]을 만족시킬 수 없다.

그렇다면 C_1가 양수이고 C_2가 음수인 경우는? 이 경우에 우리는 [47]을

$$\frac{d^2X(x)}{dx^2} = k^2X(x), \quad \frac{d^2Y(y)}{dy^2} = -k^2Y(y)$$

과 같이 쓸 수 있다.

위의 두 상미분방정식의 해는

$$X(x) = Ae^{kx} + Be^{-kx}, \quad Y(y) = C\sin ky + D\cos ky$$

이다.

따라서 C_1가 양수이고 C_2가 음수인 경우

$$\phi(x,y) = \left(Ae^{kx} + Be^{-kx}\right)(C\sin ky + D\cos ky)$$

이 된다. 이것이 적절한 해이다.

이제 경계조건을 적용하여 보자.

경계조건 [45]을 적용하면 $A = 0$을 얻는다. 따라서

$$\phi(x,y) = Be^{-kx}(C\sin ky + D\cos ky) = e^{-kx}(C'\sin ky + D'\cos ky)$$

이 된다. 그런데 주의할 사항이 있다. k를 양수라고 가정해야만 $A = 0$을 얻을 수 있다. 하지만 이렇게 해도 일반성을 잃지 않으니 걱정하지 말아라. 왜 그런지는 조금만 생각해 보면 알 수 있다.

경계조건 [43] 중에서 $\phi(y = 0) = 0$을 적용하면 $D' = 0$을 얻는다. 따라서

$$\phi(x,y) = C'e^{-kx}\sin ky$$

이 된다.

경계조건 [43] 중에서 $\phi(y = a) = 0$을 적용하면

$$k = \frac{n\pi}{a} \quad n \in \mathbb{N}$$

을 얻는다. 따라서

$$\phi(x,y) = C'\left(\exp\left[-\frac{n\pi x}{a}\right]\right)\left(\sin\frac{n\pi y}{a}\right)$$

은 퍼텐셜이 0인 세 경계조건을 만족하는 풀이이다.

마지막으로 [44]이 성립해야 한다. 그런데 위의 식에서 n이 어떤 값을 가지더라도 이 조건을 만족하지 않는다. 그러나 위의 풀이들의 일차결합도 방정식 [46]의 풀이가 되므로, 우리는 $\phi(x=0)=V$이 되도록 결합을 한다.

가능한 n을 모두 허용하려면

$$\phi(x,y) = \sum_{n=1}^{\infty} C_n\left(\exp\left[-\frac{n\pi x}{a}\right]\right)\left(\sin\frac{n\pi y}{a}\right)$$

과 같은 무한급수를 생각해야 한다.

$\phi(x=0)=V$를 위의 식에 대입하면

$$\sum_{n=1}^{\infty} C_n \sin\frac{n\pi y}{a} = V$$

이다.

위의 식에서 C_n는

$$C_n = \frac{2}{a}\int_0^a \phi(0,y)\sin\frac{n\pi y}{a}dy = \frac{2V}{a}\int_0^a \sin\frac{n\pi y}{a}dy = \frac{2V}{a}\left[-\frac{a}{n\pi}\cos\frac{n\pi y}{a}\right]_{y=0}^{a}$$

$$= -\frac{2V}{n\pi}(\cos n\pi - 1) = \frac{2V}{n\pi}(1-\cos n\pi) = \begin{cases} \dfrac{4V}{n\pi}, & n = 1,3,5,7,\cdots \\ 0, & n = 2,4,6,8,\cdots \end{cases}$$

이다.

따라서 퍼텐셜은

$$\phi(x,y) = \sum_{n=1}^{\infty} C_n\left(\exp\left[-\frac{n\pi x}{a}\right]\right)\left(\sin\frac{n\pi y}{a}\right) = \frac{4V}{\pi}\sum_{n\,\text{홀수}}\frac{1}{n}\left(\exp\left[-\frac{n\pi x}{a}\right]\right)\left(\sin\frac{n\pi y}{a}\right)$$

이 된다. 이것이 완전한 답이다.

그런데 퍼텐셜에 대한 위의 식은 모양새(?)가 나쁘다. 식에 summation 기호가 포함되어 있기 때문이다. 이 기호를 없앨 수 있을까? 얼핏 보면 summation 기호를 없앨 수 없을 것 같이 보인다. 하지만 가능하다. 약간 복잡하기는 하지만…

$\sin\theta = \Im e^{i\theta}$을 이용하여 위의 식을

$$\phi(x,y) = \frac{4V}{\pi}\sum_{n\,\text{홀수}}\frac{1}{n}\left(\exp\left[-\frac{n\pi x}{a}\right]\right)\left(\Im\left[\exp\frac{in\pi y}{a}\right]\right) = \frac{4V}{\pi}\Im\left[\sum_{n\,\text{홀수}}\frac{1}{n}\exp\frac{in\pi(y+ix)}{a}\right]$$

과 같이 쓸 수 있다.

변수 Z를

$$Z = \exp\frac{i\pi(y+ix)}{a}$$

이라고 정의하면

$$\phi(x,y) = \frac{4V}{\pi}\Im\left[\sum_{n\,\text{홀수}}\frac{1}{n}\exp\frac{in\pi(y+ix)}{a}\right] = \frac{4V}{\pi}\Im\sum_{n\,\text{홀수}}\frac{Z^n}{n} \qquad [48]$$

이다.

그런데 우리는

$$\ln[1+Z] = Z - \frac{1}{2}Z^2 + \frac{1}{3}Z^3 - \frac{1}{4}Z^4 + \cdots,$$

$$\ln[1-Z] = -Z - \frac{1}{2}Z^2 - \frac{1}{3}Z^3 - \frac{1}{4}Z^4 - \cdots$$

이 성립함을 안다.

윗식에서 아랫식을 변변 빼면

$$\ln[1+Z]-\ln[1-Z]$$

$$=\left(Z-\frac{1}{2}Z^2+\frac{1}{3}Z^3-\frac{1}{4}Z^4+\cdots\right)-\left(-Z-\frac{1}{2}Z^2-\frac{1}{3}Z^3-\frac{1}{4}Z^4-\cdots\right)$$

$$=2\left(Z+\frac{1}{3}Z^3+\frac{1}{5}Z^5+\frac{1}{7}Z^7+\cdots\right)=2\sum_{n\text{ 홀수}}\frac{Z^n}{n}=\ln\frac{1+Z}{1-Z}$$

을 얻는다.

위의 식을 [48]에 대입하면

$$\phi(x,y)=\frac{4V}{\pi}\Im\sum_{n\text{ 홀수}}\frac{Z^n}{n}=\frac{2V}{\pi}\Im\ln\frac{1+Z}{1-Z}=\frac{2V}{\pi}\Im\left[\ln\frac{(1+Z)(1-Z^*)}{|1-Z|^2}\right]$$

$$=\frac{2V}{\pi}\Im\left[\ln\frac{1-|Z|^2+2i\Im Z}{|1-Z|^2}\right]$$

이다. 일단 summation 기호는 사라졌다.

그런데 로그의 허수부분은 로그의 argument 의 phase 와 같으므로, 결국

$$\phi(x,y)=\frac{2V}{\pi}\arctan\frac{2\Im Z}{1-|Z|^2}=\frac{2V}{\pi}\arctan\frac{2\Im\exp\frac{i\pi(y+ix)}{a}}{1-\left|\exp\frac{i\pi(y+ix)}{a}\right|^2}$$

$$=\frac{2V}{\pi}\arctan\frac{2\exp\left[-\frac{\pi x}{a}\right]\left(\sin\frac{\pi y}{a}\right)}{1-\exp\left[-\frac{2\pi x}{a}\right]}=\frac{2V}{\pi}\arctan\frac{\sin\frac{\pi y}{a}}{\frac{\exp\frac{\pi x}{a}-\exp\left[-\frac{\pi x}{a}\right]}{2}}$$

$$=\frac{2V}{\pi}\arctan\frac{\sin\frac{\pi y}{a}}{\sinh\frac{\pi x}{a}}$$

이 된다.

위의 결과가 라플라스 방정식과 문제의 경계조건들을 정말로 만족시키는지 독자 여러분께서 직접 확인하여 보아라. 프로그램은 생략한다. 이것은 독자가 y나 x을 고정시키고 전위를 표시하는 프로그램을 직접 작성해 보길 바란다.

위에서 문제를 푸는 중간에 언급하지 않았던 중요한 사실이 있다. 그것은 $\sin ky$의 완전성(completeness)과 직교성(orthogonality)이다.

임의의 함수 $f(y)$가

$$f(y) = \sum_{n=1}^{\infty} c_n f_n(y)$$

과 같이 함수들의 집합 $f_n(y)$의 선형결합으로 표현될 수 있으면, 함수들의 집합 $f_n(y)$은 완전하다고 말한다. 함수들의 집합 $\sin\frac{n\pi y}{a}$은 구간 $(0, a)$에서 완전하다.

함수들의 집합 $f_n(y)$이 직교한다 함은, 그 집합에 속하는 임의의 서로 다른 두 함수에 대하여

$$\int_0^a f_m(y) f_n(y) dx = 0 \quad m \neq n$$

이 성립함을 말한다.

6 전기마당의 역선

6.1 이론

전기마당의 역선은 그 점에서의 전기마당의 방향의 접선으로 정의된다. 그러므로 만약 $d\mathbf{s}$가 전기마당의 역선 위에서의 조그마한 변위라면 이것은 그 점에서의 전기마당과 방향이 같다. 식으로는

$$d\mathbf{s} = k\mathbf{E}$$

으로 표현할 수 있다. 여기에서 k는 적당한 차원을 가진 비례상수(proportional constant)이다.

우리는 위의 식을 사용하여 전기마당의 역선을 나타내는 미분방정식을 얻을 수 있다. 직교좌표계에서 성분을 사용하여 위의 식을 나타내면

$$dx\hat{\mathbf{x}} + dy\hat{\mathbf{y}} + dz\hat{\mathbf{z}} = k\left(E_x\hat{\mathbf{x}} + E_y\hat{\mathbf{y}} + E_z\hat{\mathbf{z}}\right)$$

이다.

따라서 직교좌표계에서 전기마당의 역선의 미분방정식은

$$\frac{dx}{E_x} = \frac{dy}{E_y} = \frac{dz}{E_z}$$

이 된다.

필자의 방식으로 한다면, 역선을 그리는 것은 등전위선을 그리는 것에 비해 간단하다. 여기서 간단하다는 말은 code 의 길이가 짧고, 실행시간도 훨씬 짧다는 것을 의미한다. 단순히 수학 함수의 그래프를 그리는 것과 다름없기 때문이다.

6.2 단일 점전하

직교좌표계에서 단일 점전하에 의한 전기마당은

$$\mathbf{E}(\mathbf{r}) = \frac{q\hat{\mathbf{r}}}{4\pi\varepsilon_0 R^2} = \frac{q(x\hat{\mathbf{x}} + y\hat{\mathbf{y}})}{4\pi\varepsilon_0 (x^2 + y^2)^{1.5}}$$

이다.

그러므로 전기마당의 역선을 결정하는 미분방정식은

$$\frac{dy}{dx} = \frac{y}{x}$$

이고, 이 방정식을 풀면

$$y = cx$$

을 얻는다.

직관적으로도 위의 풀이가 맞다는 것을 알 수 있을 것이다.

6.3 쌍극자 전기마당

6.3.1 이론

쌍극자 마당의 전위는

$$\phi_{\mathrm{D}}(\mathbf{r}) = \frac{p\cos\theta}{4\pi\varepsilon_0 r^2}$$

이므로, 전기마당의 성분은

$$E_r = -\frac{\partial \phi_{\rm D}}{\partial r} = \frac{p}{4\pi\varepsilon_0}\frac{2\cos\theta}{r^3}, \quad E_\theta = -\frac{1}{r}\frac{\partial \phi_{\rm D}}{\partial \theta} = \frac{p}{4\pi\varepsilon_0}\frac{\sin\theta}{r^3}, \quad E_\psi \sim \frac{\partial \phi_{\rm D}}{\partial \psi} = 0$$

이다.

역선에 대한 미분방정식은

$$\frac{d\ln r}{d\theta} = \frac{dr}{rd\theta} = \frac{E_r}{E_\theta} = \frac{2\cos\theta}{\sin\theta} = \frac{d(2\ln\sin\theta)}{d\theta}$$

에 의해

$$\frac{d\ln r}{d\theta} = \frac{d(2\ln\sin\theta)}{d\theta}$$

이다.

위의 미분방정식의 양변을 적분하면 역선에 대한 방정식

$$\ln r = 2\ln\sin\theta + \ln K_{\rm D} = \ln[K_{\rm D}\sin^2\theta]$$

$$\therefore \quad r = K_{\rm D}\sin^2\theta$$

을 얻을 수 있다. 여기에서 $K_{\rm D}$는 양의 적분상수(integration constant)이다.

6.3.2 소스 코드

```
// 점쌍극자의 역선View.cpp : implementation of the CMyView class
//

#include "stdafx.h"
#include "점쌍극자의 역선.h"

#include "점쌍극자의 역선Doc.h"
#include "점쌍극자의 역선View.h"

#include <math.h>
```

```
double x( double r, double theta );
double y( double r, double theta );

#ifdef _DEBUG
#define new DEBUG_NEW
#undef THIS_FILE
static char THIS_FILE[] = __FILE__;
#endif

/////////////////////////////////////////////////////////////////////////////
// CMyView

IMPLEMENT_DYNCREATE(CMyView, CView)

BEGIN_MESSAGE_MAP(CMyView, CView)
    //{{AFX_MSG_MAP(CMyView)
        // NOTE - the ClassWizard will add and remove mapping macros here.
        //    DO NOT EDIT what you see in these blocks of generated code!
    //}}AFX_MSG_MAP
    // Standard printing commands
    ON_COMMAND(ID_FILE_PRINT, CView::OnFilePrint)
    ON_COMMAND(ID_FILE_PRINT_DIRECT, CView::OnFilePrint)
    ON_COMMAND(ID_FILE_PRINT_PREVIEW, CView::OnFilePrintPreview)
END_MESSAGE_MAP()

/////////////////////////////////////////////////////////////////////////////
// CMyView construction/destruction
CMyView::CMyView()
{
    // TODO: add construction code here

}

CMyView::~CMyView()
{
}

BOOL CMyView::PreCreateWindow(CREATESTRUCT& cs)
```

```
{
    // TODO: Modify the Window class or styles here by modifying
    //  the CREATESTRUCT cs

    return CView::PreCreateWindow(cs);
}

/////////////////////////////////////////////////////////////////////////////
// CMyView drawing

void CMyView::OnDraw(CDC* pDC)
{
    CMyDoc* pDoc = GetDocument();
    ASSERT_VALID(pDoc);

    double k, theta, r;
    const double pi=3.1415926535;

    CRect rect;
    pDC->SetMapMode(MM_LOMETRIC);
    GetClientRect(&rect);
    pDC->SetViewportOrg(rect.Width()/2, rect.Height()/2);

    CPen myPen(PS_SOLID, 3, RGB(0,0,0));
    CPen* pOldPen = pDC->SelectObject(&myPen);

    for (k=0.0; k<51000.0; k+=200.0)
        for (theta=0.0; theta<2.0*pi; theta+=pi/2000.0)
        {
            r = k*sin(theta)*sin(theta);
            pDC->SetPixel(int(x(r, theta)), int(y(r, theta)), RGB(0,0,0));
        }

    pDC->SelectObject(pOldPen);
}

/////////////////////////////////////////////////////////////////////////////
// CMyView printing
```

```
BOOL CMyView::OnPreparePrinting(CPrintInfo* pInfo)
{
    // default preparation
    return DoPreparePrinting(pInfo);
}

void CMyView::OnBeginPrinting(CDC* /*pDC*/, CPrintInfo* /*pInfo*/)
{
    // TODO: add extra initialization before printing
}

void CMyView::OnEndPrinting(CDC* /*pDC*/, CPrintInfo* /*pInfo*/)
{
    // TODO: add cleanup after printing
}

/////////////////////////////////////////////////////////////////////////////
// CMyView diagnostics

#ifdef _DEBUG
void CMyView::AssertValid() const
{
    CView::AssertValid();
}

void CMyView::Dump(CDumpContext& dc) const
{
    CView::Dump(dc);
}

CMyDoc* CMyView::GetDocument() // non-debug version is inline
{
    ASSERT(m_pDocument->IsKindOf(RUNTIME_CLASS(CMyDoc)));
    return (CMyDoc*)m_pDocument;
}
#endif //_DEBUG
```

```
/////////////////////////////////////////////////////////////////////////////
// CMyView message handlers

double x( double r, double theta )
{
    return r*cos(theta);
}

double y( double r, double theta )
{
    return r*sin(theta);
}
```

6.3.3 실행 결과

6.4 선형사중극자

6.4.1 이론

선형사중극자의 전위는

$$\phi_Q = \frac{Q}{4\pi\varepsilon_0}\frac{3\cos^2\theta - 1}{4r^3}$$

이므로 전기마당의 성분은

$$E_r = \frac{3Q}{8\pi\varepsilon_0}\frac{3\cos^2\theta - 1}{2r^4}, \quad E_\theta = \frac{3Q}{8\pi\varepsilon_0}\frac{(\cos\theta)(\sin\theta)}{r^4}, \quad E_\psi = 0$$

이다.

전기마당의 역선을 나타내는 미분방정식은

$$\frac{dr}{rd\theta} = \frac{E_r}{E_\theta} = \frac{3\cos^2\theta - 1}{2(\cos\theta)(\sin\theta)}$$

이다.

위의 미분방정식의 양변을 적분하면 역선에 대한 방정식

$$r^2 = K_Q(\sin^2\theta)(\cos\theta)$$

을 얻을 수 있다. 여기에서 K_Q는 적분상수이다.

6.4.2 소스 코드

```
// 사중극자의 역선View.cpp : implementation of the CMyView class
//
```

```
#include "stdafx.h"
#include "사중극자의 역선.h"

#include "사중극자의 역선Doc.h"
#include "사중극자의 역선View.h"

#include <math.h>

double x( double r, double theta );
double y( double r, double theta );

#ifdef _DEBUG
#define new DEBUG_NEW
#undef THIS_FILE
static char THIS_FILE[] = __FILE__;
#endif

/////////////////////////////////////////////////////////////////////////////
// CMyView

IMPLEMENT_DYNCREATE(CMyView, CView)

BEGIN_MESSAGE_MAP(CMyView, CView)
    //{{AFX_MSG_MAP(CMyView)
        // NOTE - the ClassWizard will add and remove mapping macros here.
        //    DO NOT EDIT what you see in these blocks of generated code!
    //}}AFX_MSG_MAP
    // Standard printing commands
    ON_COMMAND(ID_FILE_PRINT, CView::OnFilePrint)
    ON_COMMAND(ID_FILE_PRINT_DIRECT, CView::OnFilePrint)
    ON_COMMAND(ID_FILE_PRINT_PREVIEW, CView::OnFilePrintPreview)
END_MESSAGE_MAP()

/////////////////////////////////////////////////////////////////////////////
// CMyView construction/destruction

CMyView::CMyView()
```

```
{
    // TODO: add construction code here

}
CMyView::~CMyView()
{
}

BOOL CMyView::PreCreateWindow(CREATESTRUCT& cs)
{
    // TODO: Modify the Window class or styles here by modifying
    //  the CREATESTRUCT cs

    return CView::PreCreateWindow(cs);
}

/////////////////////////////////////////////////////////////////////////////
// CMyView drawing

void CMyView::OnDraw(CDC* pDC)
{
    CMyDoc* pDoc = GetDocument();
    ASSERT_VALID(pDoc);

    double k, theta, pi=3.1415926535, r;

    CRect rect;
    pDC->SetMapMode(MM_LOMETRIC);
    GetClientRect(&rect);
    pDC->SetViewportOrg(rect.Width()/2, rect.Height()/2);

    CPen myPen(PS_SOLID, 3, RGB(0,0,0));
    CPen* pOldPen = pDC->SelectObject(&myPen);

    for (k=0.0; k<9E7; k+=1E6)
        for (theta=0.0; theta<2.0*pi; theta+=pi/4000.0)
        {
            r = sqrt( k*sin(theta)*sin(theta)*cos(theta) );
```

```
            pDC->SetPixel(int(x(r, theta)), int(y(r, theta)), RGB(0,0,0));
            pDC->SetPixel(-int(x(r, theta)), int(y(r, theta)), RGB(0,0,0));
        }

    pDC->SelectObject(pOldPen);
}

/////////////////////////////////////////////////////////////////////////////
// CMyView printing

BOOL CMyView::OnPreparePrinting(CPrintInfo* pInfo)
{
    // default preparation
    return DoPreparePrinting(pInfo);
}

void CMyView::OnBeginPrinting(CDC* /*pDC*/, CPrintInfo* /*pInfo*/)
{
    // TODO: add extra initialization before printing
}

void CMyView::OnEndPrinting(CDC* /*pDC*/, CPrintInfo* /*pInfo*/)
{
    // TODO: add cleanup after printing
}

/////////////////////////////////////////////////////////////////////////////
// CMyView diagnostics

#ifdef _DEBUG
void CMyView::AssertValid() const
{
    CView::AssertValid();
}

void CMyView::Dump(CDumpContext& dc) const
{
    CView::Dump(dc);
```

```
}

CMyDoc* CMyView::GetDocument() // non-debug version is inline
{
    ASSERT(m_pDocument->IsKindOf(RUNTIME_CLASS(CMyDoc)));
    return (CMyDoc*)m_pDocument;
}
#endif //_DEBUG

/////////////////////////////////////////////////////////////////////////////
// CMyView message handlers

double x( double r, double theta )
{
    return r*cos(theta);
}

double y( double r, double theta )
{
    return r*sin(theta);
}
```

6.4.3 실행 결과

7 빛의 반사와 거울(Mirror)

7.1 이론

구면의 일부가 반사면으로 된 거울을 구면거울(spherical mirror)이라고 하며, 볼록거울(convex mirror)과 오목거울(concave mirror)이 있다. 이때 구면의 중심 O 을 구심, 거울면의 중심 M 을 거울중심(center of mirror), 구심과 거울중심을 지나는 직선을 거울축(axis of mirror)이라고 한다.

오목거울의 반사면은 오목하다. 위의 왼쪽 그림과 같이 거울축에 나란하게 입사한 빛은 한 점 F 에 모인다. 이 점을 촛점(focus)이라 하고 거울중심과 촛점 사이의 거리를 촛점거리(local length)라고 한다.

볼록거울의 반사면은 볼록하다. 위의 오른쪽 그림과 같이 거울축에 나란하게 입사한 빛은 반사 후에 반사면 뒤의 한 점 F 에서 나온 것처럼 진행한다. 이 점을 볼록거울의 허촛점(virtual focal point)이라고 한다.

구면거울에 의해 생긴 물체의 상을 작도하려면 다음의 네 가지 중에서 임의의 두 가지를 이용하면 된다.

(1) 거울축에 나란하게 입사한 광선은 오목거울의 경우에 반사 후 촛점을 지나고, 볼록거울의 경우에 허촛점에서 나온 것 같이 진행한다.
(2) 촛점을 지나거나 향하는 입사광선은 반사 후 거울축에 나란하게 진행한다.
(3) 구심을 지나거나 향하는 입사광선은 반사 후 온 길을 되돌아간다.
(4) 거울중심에서 반사하는 광선은 반사 후 거울축에 대하여 같은 각을 이룬다.

물체 및 상에서부터 거울중심까지의 거리, 촛점거리를 각각 a, b, f이라고 하면

$$\frac{1}{a}+\frac{1}{b}=\frac{1}{f} \qquad [49]$$

이 성립한다.

7.2 볼록거울(Convex Mirror)

7.2.1 이론

볼록거울의 경우 물체가 어느 위치에 있더라도 상은 항상 허촛점과 거울중심 사이에 생기고 정립허상이다. 배율(magnification)은 1 보다 작다.

프로그램으로 구현하여 보자.

구간 [0,5000]의 실수축을 생각하자. 거울중심의 좌표는 3000 이고 촛점거리는 500 이다. 물체의 좌표를 x이라고 하면 [49]은

$$\frac{1}{3000-x}+\frac{1}{b}=-\frac{1}{500}$$

이다. 이것을 풀면

$$b=-\frac{500(3000-x)}{3500-x}$$

을 얻는데 허상이므로 $b<0$이다. 따라서 허상의 좌표는

$$3000-b=3000+\frac{500(3000-x)}{3500-x}$$

이고 배율은

$$m = \frac{b}{a} = -\frac{500}{3500 - x} < 0$$

이다.

키보드의 왼쪽화살표 key 를 누르면 물체는 왼쪽으로 이동하고, 오른쪽화살표 key 를 누르면 오른쪽으로 이동한다. key 를 한 번 누를 때마다 물체의 위치는 10 만큼씩 증가하거나 감소한다. 이것을 구현한 것이 "볼록거울 View.cpp" file 의 OnKeyDown 함수인데 이 함수를 coding 할 때에는 그냥 입력하면 안 되고 다음과 같은 과정을 따라야 한다.

일단 "볼록거울 View.cpp" file 의 가장 밑으로 내려간다.

그 다음에 View 메뉴의 하위메뉴를 보면 가장 위에 "ClassWizard..."이 있다. 이것을 선택하면 아래의 화면

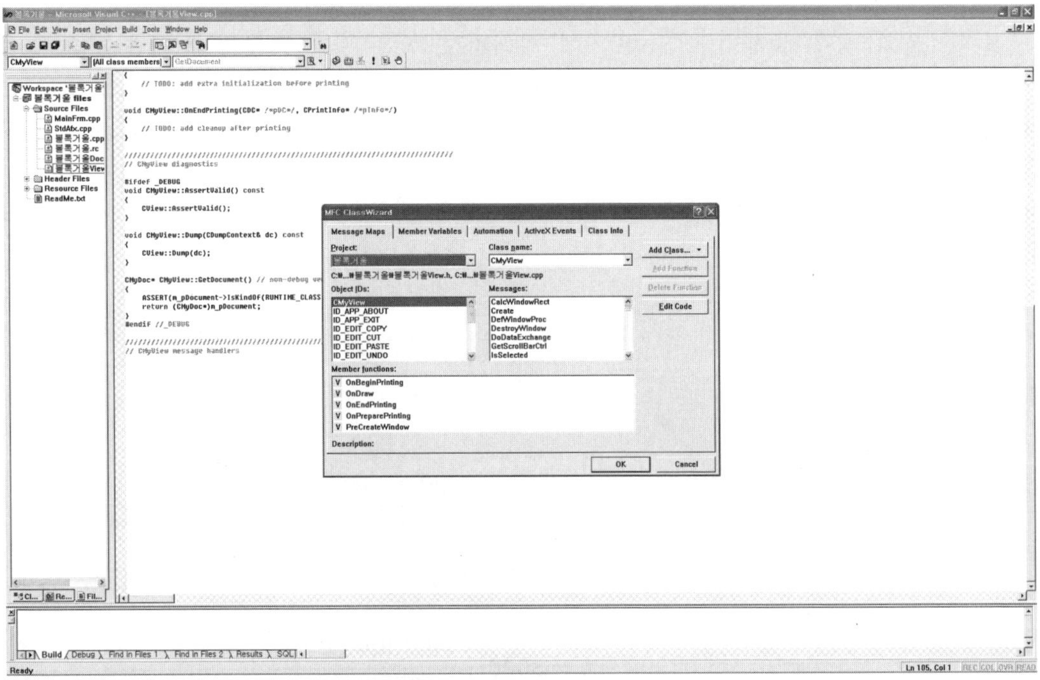

과 같이 "MFC ClassWizard" 대화상자가 나타난다.

대화상자의 중간에 있는 Messages 에서 "WM_KEYDOWN"을 찾은 후 "WM_KEYDOWN"을 더블 클릭하여라. 그러면 "Member functions"에 OnKeyDown 함수가 추가된다.

그 다음에 "Edit Code" 버튼을 눌러라. 그러면 아래의 화면

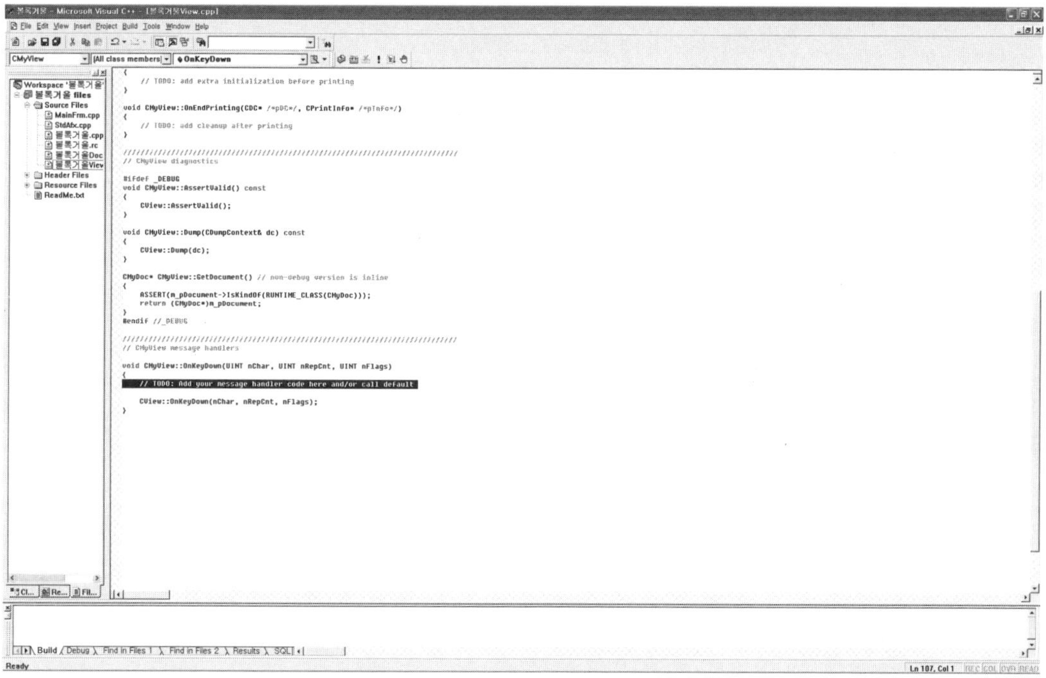

과 같이 "볼록거울 View.cpp" file 의 마지막에 OnKeyDown 함수가 추가된다.

검은색으로 나타난 부분을 읽어 보아라. message handler code 를 추가하라고 친절하게 안내를 해 준다. 필요한 소스 코드를 이 곳에 입력하면 된다.

한편 방향 key 를 누를 때마다 값이 변하는 변수 x 는 "볼록거울 View.h"에서 변수 선언을 하고, "볼록거울 View.cpp"에서 초기값을 지정한다. x 는 물체의 위치를 나타내는 변수이다.

7.2.2 볼록거울 View.h 소스 코드

```
// 볼록거울View.h : interface of the CMyView class
//
/////////////////////////////////////////////////////////////////////////////

#if !defined(AFX_VIEW_H__6A056D4B_5618_4186_931D_50E9F796FB8C__INCLUDED_)
#define AFX_VIEW_H__6A056D4B_5618_4186_931D_50E9F796FB8C__INCLUDED_

#if _MSC_VER > 1000
#pragma once
#endif // _MSC_VER > 1000


class CMyView : public CView
{
protected: // create from serialization only
    CMyView();
    DECLARE_DYNCREATE(CMyView)

// Attributes
public:
    CMyDoc* GetDocument();

    double x;

// Operations
public:

// Overrides
    // ClassWizard generated virtual function overrides
    //{{AFX_VIRTUAL(CMyView)
    public:
    virtual void OnDraw(CDC* pDC);  // overridden to draw this view
    virtual BOOL PreCreateWindow(CREATESTRUCT& cs);
    protected:
    virtual BOOL OnPreparePrinting(CPrintInfo* pInfo);
```

```
    virtual void OnBeginPrinting(CDC* pDC, CPrintInfo* pInfo);
    virtual void OnEndPrinting(CDC* pDC, CPrintInfo* pInfo);
    //}}AFX_VIRTUAL

// Implementation
public:
    virtual ~CMyView();
#ifdef _DEBUG
    virtual void AssertValid() const;
    virtual void Dump(CDumpContext& dc) const;
#endif

protected:

// Generated message map functions
protected:
    //{{AFX_MSG(CMyView)
    afx_msg void OnKeyDown(UINT nChar, UINT nRepCnt, UINT nFlags);
    //}}AFX_MSG
    DECLARE_MESSAGE_MAP()
};

#ifndef _DEBUG  // debug version in 볼록거울View.cpp
inline CMyDoc* CMyView::GetDocument()
   { return (CMyDoc*)m_pDocument; }
#endif

/////////////////////////////////////////////////////////////////////////////

//{{AFX_INSERT_LOCATION}}
// Microsoft Visual C++ will insert additional declarations immediately before the pre-
vious line.

#endif // !defined(AFX_VIEW_H__6A056D4B_5618_4186_931D_50E9F796FB8C__INCLUDED_)
```

7.2.3 볼록거울 View.cpp 소스 코드

```
// 볼록거울View.cpp : implementation of the CMyView class
//

#include "stdafx.h"
#include "볼록거울.h"

#include "볼록거울Doc.h"
#include "볼록거울View.h"

#include <math.h>

#ifdef _DEBUG
#define new DEBUG_NEW
#undef THIS_FILE
static char THIS_FILE[] = __FILE__;
#endif

/////////////////////////////////////////////////////////////////////////////
// CMyView

IMPLEMENT_DYNCREATE(CMyView, CView)

BEGIN_MESSAGE_MAP(CMyView, CView)
    //{{AFX_MSG_MAP(CMyView)
    ON_WM_KEYDOWN()
    //}}AFX_MSG_MAP
    // Standard printing commands
    ON_COMMAND(ID_FILE_PRINT, CView::OnFilePrint)
    ON_COMMAND(ID_FILE_PRINT_DIRECT, CView::OnFilePrint)
    ON_COMMAND(ID_FILE_PRINT_PREVIEW, CView::OnFilePrintPreview)
END_MESSAGE_MAP()

/////////////////////////////////////////////////////////////////////////////
// CMyView construction/destruction
```

```
CMyView::CMyView()
{
    x = 0.0;
}

CMyView::~CMyView()
{
}

BOOL CMyView::PreCreateWindow(CREATESTRUCT& cs)
{
    // TODO: Modify the Window class or styles here by modifying
    //  the CREATESTRUCT cs

    return CView::PreCreateWindow(cs);
}

/////////////////////////////////////////////////////////////////////////////
// CMyView drawing

void CMyView::OnDraw(CDC* pDC)
{
    const double pi=3.1415926535;
    double theta, length=900.0, a, b, m;
    char buffer[10];

    pDC->SetMapMode(MM_LOMETRIC);
    pDC->SetViewportOrg(19, 600);

    CPen myPen(PS_SOLID, 5, RGB(255,0,0));
    CPen* pOldPen = pDC->SelectObject(&myPen);
    pDC->MoveTo(0, 0);
    pDC->LineTo(5000, 0);

    for (theta=2.0*pi/3.0; theta<4.0*pi/3.0; theta+=pi/1000.0)
        pDC->SetPixel(4000+int(1000.*cos(theta)), int(1000.*sin(theta)), RGB(0,255,0));

    pDC->SelectObject(pOldPen);
```

```
    CPen myPen2(PS_SOLID, 9, RGB(0,0,255));
    CPen* pOldPen2 = pDC->SelectObject(&myPen2);
    pDC->MoveTo(int(x),0);
    pDC->LineTo(int(x),length);

    a = 3000.0-x;
    b = -(500.0*(3000.0-x)/(3500.0-x));
    m = -(500.0/(3500.0-x));
    pDC->MoveTo(int(3000-b),0);
    pDC->LineTo(int(3000-b),int(-length*m));
    pDC->SelectObject(pOldPen2);

    pDC->SetTextAlign( TA_CENTER+TA_TOP );
    sprintf(buffer, "m=%lf", m);
    pDC->TextOut(int(3000-b), -2, buffer);
}

/////////////////////////////////////////////////////////////////////////////
// CMyView printing

BOOL CMyView::OnPreparePrinting(CPrintInfo* pInfo)
{
    // default preparation
    return DoPreparePrinting(pInfo);
}

void CMyView::OnBeginPrinting(CDC* /*pDC*/, CPrintInfo* /*pInfo*/)
{
    // TODO: add extra initialization before printing
}

void CMyView::OnEndPrinting(CDC* /*pDC*/, CPrintInfo* /*pInfo*/)
{
    // TODO: add cleanup after printing
}

/////////////////////////////////////////////////////////////////////////////
```

```
// CMyView diagnostics

#ifdef _DEBUG
void CMyView::AssertValid() const
{
    CView::AssertValid();
}

void CMyView::Dump(CDumpContext& dc) const
{
    CView::Dump(dc);
}

CMyDoc* CMyView::GetDocument() // non-debug version is inline
{
    ASSERT(m_pDocument->IsKindOf(RUNTIME_CLASS(CMyDoc)));
    return (CMyDoc*)m_pDocument;
}
#endif //_DEBUG

//////////////////////////////////////////////////////////////////////////////
// CMyView message handlers

void CMyView::OnKeyDown(UINT nChar, UINT nRepCnt, UINT nFlags)
{
    switch ( nChar )
    {
        case VK_LEFT:
            x -= 10.0;

            if ( x<0.0 )
                x = 0.0;

            break;

        case VK_RIGHT:
            x += 10.0;
```

```
            if ( x>3000.0 )
                x = 3000.0;

            break;
        case VK_ESCAPE:
            exit( 1 );
    }

    Invalidate();

    CView::OnKeyDown(nChar, nRepCnt, nFlags);
}
```

7.2.4 실행 결과

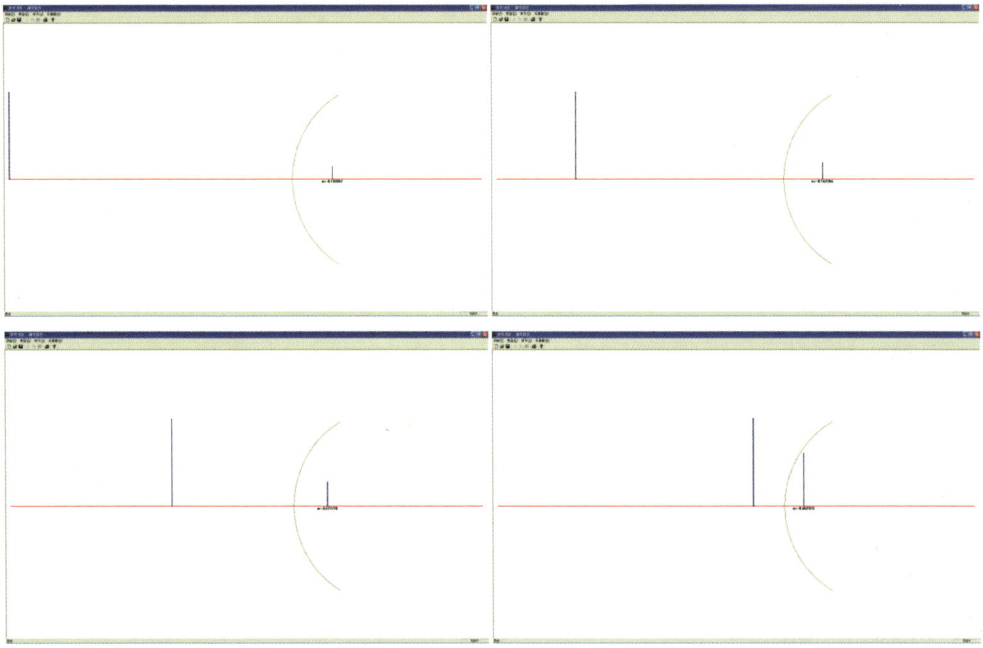

7.3 오목거울(Concave Mirror)

7.3.1 이론

오목거울의 경우에는

물체의 위치	상	
	종류	위치
$a=\infty$	점	$b=f$
$r<a<\infty$	축소된 도립 실상	$f<b<r$
$a=r$	같은 크기의 도립 실상	$b=r$
$f<a<r$	확대된 도립 실상	$f<b<\infty$
$a=f$	상이 생기지 않는다.	∞
$a<f$	확대된 정립 허상	$b<0$

에서 보는 바와 같이 물체의 위치에 따라 상의 종류와 위치가 다양하게 나타난다.

프로그램으로 구현하여 보자.

구간 [0,5000]의 실수축을 생각하자. 거울중심의 좌표는 3000 이고 촛점거리는 500 이다. 물체의 좌표를 x이라고 하면 [49]은

$$\frac{1}{3000-x}+\frac{1}{b}=\frac{1}{500}$$

이다. 이것을 풀면

$$b = \frac{500(3000 - x)}{2500 - x}$$

을 얻게 되므로 허상의 좌표는

$$3000 - b = 3000 - \frac{500(3000 - x)}{2500 - x}$$

이고 배율은

$$m = \frac{b}{a} = \frac{500}{2500 - x}$$

이다.

"오목거울 View.cpp"에서도 가장 마지막의 OnKeyDown 함수를 입력하려면 이전의 section 에서 설명한 방법대로 해야 한다.

7.3.2 오목거울 View.h 소스 코드

```
// 오목거울 View.h : interface of the CMyView class
//
/////////////////////////////////////////////////////////////////////////////

#if !defined(AFX_VIEW_H__6F5B346C_50B1_405F_9B16_0B280D1B92D0__INCLUDED_)
#define AFX_VIEW_H__6F5B346C_50B1_405F_9B16_0B280D1B92D0__INCLUDED_

#if _MSC_VER > 1000
#pragma once
#endif // _MSC_VER > 1000


class CMyView : public CView
{
protected: // create from serialization only
    CMyView();
```

```
    DECLARE_DYNCREATE(CMyView)

// Attributes
public:
    CMyDoc* GetDocument();
    double x;

// Operations
public:

// Overrides
    // ClassWizard generated virtual function overrides
    //{{AFX_VIRTUAL(CMyView)
    public:
    virtual void OnDraw(CDC* pDC);  // overridden to draw this view
    virtual BOOL PreCreateWindow(CREATESTRUCT& cs);
    protected:
    virtual BOOL OnPreparePrinting(CPrintInfo* pInfo);
    virtual void OnBeginPrinting(CDC* pDC, CPrintInfo* pInfo);
    virtual void OnEndPrinting(CDC* pDC, CPrintInfo* pInfo);
    //}}AFX_VIRTUAL

// Implementation
public:
    virtual ~CMyView();
#ifdef _DEBUG
    virtual void AssertValid() const;
    virtual void Dump(CDumpContext& dc) const;
#endif

protected:

// Generated message map functions
protected:
    //{{AFX_MSG(CMyView)
    afx_msg void OnKeyDown(UINT nChar, UINT nRepCnt, UINT nFlags);
    //}}AFX_MSG
    DECLARE_MESSAGE_MAP()
```

```
};
#ifndef _DEBUG  // debug version in 오목거울View.cpp
inline CMyDoc* CMyView::GetDocument()
   { return (CMyDoc*)m_pDocument; }
#endif

/////////////////////////////////////////////////////////////////////////////

//{{AFX_INSERT_LOCATION}}
// Microsoft Visual C++ will insert additional declarations immediately before the pre-
vious line.

#endif // !defined(AFX_VIEW_H__6F5B346C_50B1_405F_9B16_0B280D1B92D0__INCLUDED_)
```

7.3.3 오목거울 View.cpp 소스 코드

```
// 오목거울View.cpp : implementation of the CMyView class
//

#include "stdafx.h"
#include "오목거울.h"

#include "오목거울Doc.h"
#include "오목거울View.h"

#include <math.h>

#ifdef _DEBUG
#define new DEBUG_NEW
#undef THIS_FILE
static char THIS_FILE[] = __FILE__;
#endif

/////////////////////////////////////////////////////////////////////////////
// CMyView
```

```
IMPLEMENT_DYNCREATE(CMyView, CView)

BEGIN_MESSAGE_MAP(CMyView, CView)
    //{{AFX_MSG_MAP(CMyView)
    ON_WM_KEYDOWN()
    //}}AFX_MSG_MAP
    // Standard printing commands
    ON_COMMAND(ID_FILE_PRINT, CView::OnFilePrint)
    ON_COMMAND(ID_FILE_PRINT_DIRECT, CView::OnFilePrint)
    ON_COMMAND(ID_FILE_PRINT_PREVIEW, CView::OnFilePrintPreview)
END_MESSAGE_MAP()

/////////////////////////////////////////////////////////////////////////////
// CMyView construction/destruction

CMyView::CMyView()
{
    x = 0.0;
}

CMyView::~CMyView()
{
}

BOOL CMyView::PreCreateWindow(CREATESTRUCT& cs)
{
    // TODO: Modify the Window class or styles here by modifying
    //  the CREATESTRUCT cs
    return CView::PreCreateWindow(cs);
}

/////////////////////////////////////////////////////////////////////////////
// CMyView drawing

void CMyView::OnDraw(CDC* pDC)
{
    CMyDoc* pDoc = GetDocument();
```

```
ASSERT_VALID(pDoc);

const double pi=3.1415926535;
double theta, length=900.0, a, b, m;
char buffer[10];

pDC->SetMapMode(MM_LOMETRIC);
pDC->SetViewportOrg(19, 600);

CPen myPen(PS_SOLID, 5, RGB(255,0,0));
CPen* pOldPen = pDC->SelectObject(&myPen);
pDC->MoveTo(0, 0);
pDC->LineTo(5000, 0);

for (theta=-pi/3.0; theta<pi/3.0; theta+=pi/1000.0)
    pDC->SetPixel(2000+int(1000.*cos(theta)), int(1000.*sin(theta)), RGB(0,255,0));

pDC->SelectObject(pOldPen);

CPen myPen2(PS_SOLID, 9, RGB(0,0,255));
CPen* pOldPen2 = pDC->SelectObject(&myPen2);
pDC->MoveTo(int(x),0);
pDC->LineTo(int(x),length);
a = 3000.0-x;
b = 500.0*(3000.0-x)/(2500.0-x);
m = 500.0/(2500.0-x);
pDC->MoveTo(int(3000-b),0);
pDC->LineTo(int(3000-b),int(-length*m));
pDC->SelectObject(pOldPen2);

if ( m<0.0 )
{
    pDC->SetTextAlign( TA_CENTER+TA_TOP );
    sprintf(buffer, "m=%lf", m);
    pDC->TextOut(int(3000-b), -2, buffer);
}
else
{
```

```
        pDC->SetTextAlign( TA_CENTER+TA_BOTTOM );
        sprintf(buffer, "m=%lf", m);
        pDC->TextOut(int(3000-b), 2, buffer);
    }
}

/////////////////////////////////////////////////////////////////////////////
// CMyView printing

BOOL CMyView::OnPreparePrinting(CPrintInfo* pInfo)
{
    // default preparation
    return DoPreparePrinting(pInfo);
}

void CMyView::OnBeginPrinting(CDC* /*pDC*/, CPrintInfo* /*pInfo*/)
{
    // TODO: add extra initialization before printing
}

void CMyView::OnEndPrinting(CDC* /*pDC*/, CPrintInfo* /*pInfo*/)
{
    // TODO: add cleanup after printing
}

/////////////////////////////////////////////////////////////////////////////
// CMyView diagnostics

#ifdef _DEBUG
void CMyView::AssertValid() const
{
    CView::AssertValid();
}

void CMyView::Dump(CDumpContext& dc) const
{
    CView::Dump(dc);
}
```

```
CMyDoc* CMyView::GetDocument() // non-debug version is inline
{
    ASSERT(m_pDocument->IsKindOf(RUNTIME_CLASS(CMyDoc)));
    return (CMyDoc*)m_pDocument;
}
#endif //_DEBUG

/////////////////////////////////////////////////////////////////////////////
// CMyView message handlers


void CMyView::OnKeyDown(UINT nChar, UINT nRepCnt, UINT nFlags)
{
    switch ( nChar )
    {
        case VK_LEFT:
            x -= 10.0;

            if ( x<0.0 )
                x = 0.0;

            break;

        case VK_RIGHT:
            x += 10.0;

            if ( x>3000.0 )
                x = 3000.0;

            break;

        case VK_ESCAPE:
            exit( 1 );
    }

    Invalidate();
```

```
    CView::OnKeyDown(nChar, nRepCnt, nFlags);
}
```

7.3.4 실행 결과

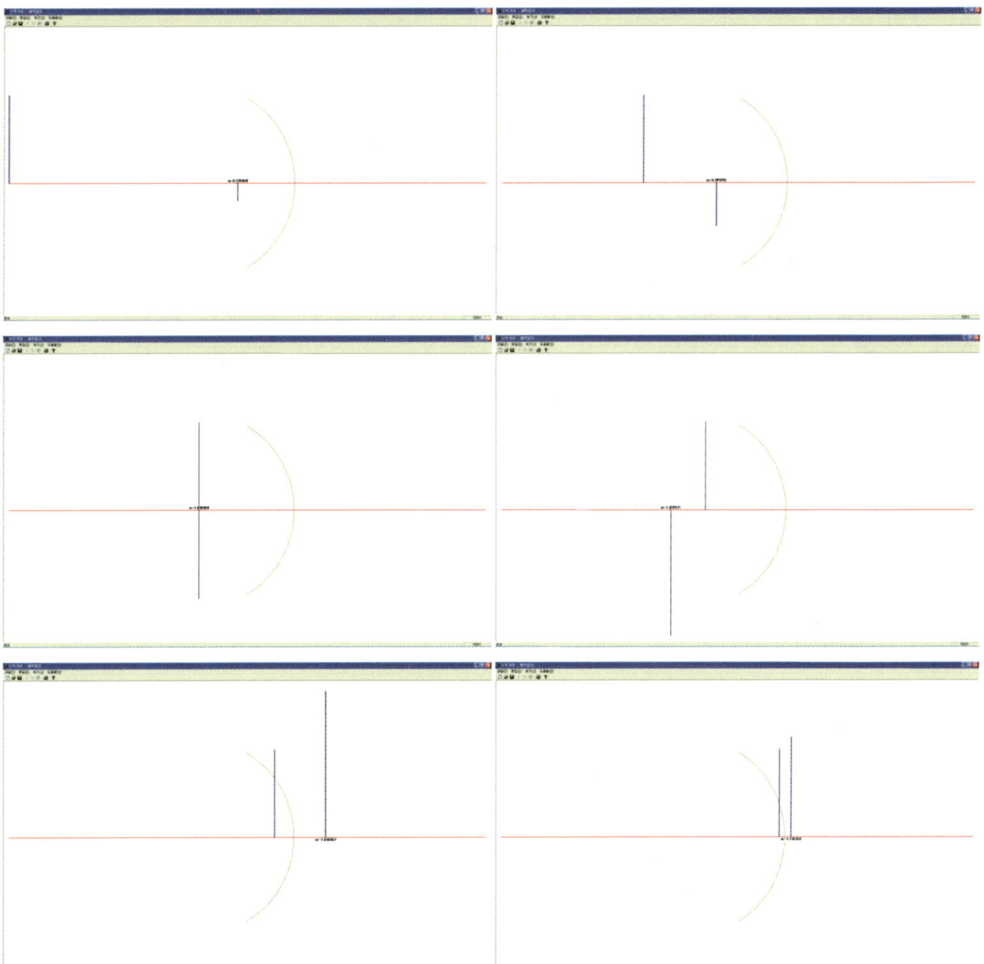

8 빛의 굴절(Refraction)과 렌즈(Lens)

8.1 이론

렌즈는 폭넓게 사용되는 광학부품으로 두 개 이상의 굴절면으로 구성된 광학계이며 적어도 한 면은 곡면이다.

볼록렌즈의 중심은 가장자리보다 두껍고, 오목렌즈의 중심은 가장자리보다 얇다.

렌즈에 의해 생긴 물체의 상을 그릴 때에는 다음의 세 가지 중에서 두 가지를 선택한다.

(1) 렌즈의 축에 나란하게 입사한 빛은 굴절 후, 볼록렌즈의 경우 촛점을 지나고 오목렌즈의 경우 촛점에서 나온 것처럼 진행한다.
(2) 렌즈의 중심을 지나는 빛은 그대로 직진한다.
(3) 렌즈의 촛점을 지나는 빛이나 촛점을 향하는 빛은 굴절 후 광축에 평행하게 나아간다.

렌즈의 중심에서 물체 및 상까지의 거리, 촛점거리를 각각 a, b, f이라고 하면

$$\frac{1}{a}+\frac{1}{b}=\frac{1}{f} \qquad [50]$$

이 성립한다. 실물체와 실상의 경우에는 각각 $a>0$, $b>0$이고 허물체와 허상의 경우에는 각각 $a<0$, $b<0$이다. 또한 볼록렌즈의 경우에는 $f>0$이고, 오목렌즈의 경우에는 $f<0$이다.

굴절율(index of refraction)이 n인 물질로 만들어진 얇은 렌즈(thin lens)의 곡률반경(radius of curvature)이 r_1, r_2이면 촛점거리(focal length)는

$$f = \frac{1}{(n-1)\left(\frac{1}{r_1} + \frac{1}{r_2}\right)}$$

이다. 여기에서 r_1과 r_2의 부호는 렌즈의 단면 중심에서 보아 볼록하면 '+'이고 오목하면 '−'으로 한다.

8.2 오목렌즈

8.2.1 이론

n = 1.5이고 $r_1 = r_2 = -1000$인 경우에 촛점거리는

$$f = \frac{1}{(1.5-1)\left(\frac{1}{-1000} + \frac{1}{-1000}\right)} = -1000$$

이다.

렌즈의 중심의 좌표가 4000 이면 [50]은

$$\frac{1}{4000-x} + \frac{1}{b} = -\frac{1}{1000}$$

이다. 이것을 풀면

$$b = -\frac{1000(4000-x)}{5000-x}$$

을 얻는다.

배율은

$$m = -\frac{1000}{5000 - x}$$

이다.

8.2.2 오목렌즈 View.h 소스 코드

```
// 오목렌즈View.h : interface of the CMyView class
//
/////////////////////////////////////////////////////////////////////////////

#if !defined(AFX_VIEW_H__C0FC211B_33E4_4E13_88C1_7EB583811B96__INCLUDED_)
#define AFX_VIEW_H__C0FC211B_33E4_4E13_88C1_7EB583811B96__INCLUDED_

#if _MSC_VER > 1000
#pragma once
#endif // _MSC_VER > 1000


class CMyView : public CView
{
protected: // create from serialization only
	CMyView();
	DECLARE_DYNCREATE(CMyView)

// Attributes
public:
	CMyDoc* GetDocument();

	double x;

// Operations
public:
```

```
// Overrides
    // ClassWizard generated virtual function overrides
    //{{AFX_VIRTUAL(CMyView)
    public:
    virtual void OnDraw(CDC* pDC);  // overridden to draw this view
    virtual BOOL PreCreateWindow(CREATESTRUCT& cs);
    protected:
    virtual BOOL OnPreparePrinting(CPrintInfo* pInfo);
    virtual void OnBeginPrinting(CDC* pDC, CPrintInfo* pInfo);
    virtual void OnEndPrinting(CDC* pDC, CPrintInfo* pInfo);
    //}}AFX_VIRTUAL

// Implementation
public:
    virtual ~CMyView();
#ifdef _DEBUG
    virtual void AssertValid() const;
    virtual void Dump(CDumpContext& dc) const;
#endif

protected:

// Generated message map functions
protected:
    //{{AFX_MSG(CMyView)
    afx_msg void OnKeyDown(UINT nChar, UINT nRepCnt, UINT nFlags);
    //}}AFX_MSG
    DECLARE_MESSAGE_MAP()
};

#ifndef _DEBUG  // debug version in 오목렌즈View.cpp
inline CMyDoc* CMyView::GetDocument()
   { return (CMyDoc*)m_pDocument; }
#endif

/////////////////////////////////////////////////////////////////////////////

//{{AFX_INSERT_LOCATION}}
```

```
// Microsoft Visual C++ will insert additional declarations immediately before the pre-
vious line.

#endif // !defined(AFX_VIEW_H__C0FC211B_33E4_4E13_88C1_7EB583811B96__INCLUDED_)
```

8.2.3 오목렌즈 View.cpp 소스 코드

```
// 오목렌즈View.cpp : implementation of the CMyView class
//

#include "stdafx.h"
#include "오목렌즈.h"

#include "오목렌즈Doc.h"
#include "오목렌즈View.h"

#include <math.h>

#ifdef _DEBUG
#define new DEBUG_NEW
#undef THIS_FILE
static char THIS_FILE[] = __FILE__;
#endif

/////////////////////////////////////////////////////////////////////////////
// CMyView

IMPLEMENT_DYNCREATE(CMyView, CView)

BEGIN_MESSAGE_MAP(CMyView, CView)
    //{{AFX_MSG_MAP(CMyView)
    ON_WM_KEYDOWN()
    //}}AFX_MSG_MAP
    // Standard printing commands
    ON_COMMAND(ID_FILE_PRINT, CView::OnFilePrint)
```

```
    ON_COMMAND(ID_FILE_PRINT_DIRECT, CView::OnFilePrint)
    ON_COMMAND(ID_FILE_PRINT_PREVIEW, CView::OnFilePrintPreview)
END_MESSAGE_MAP()

/////////////////////////////////////////////////////////////////////////////
// CMyView construction/destruction

CMyView::CMyView()
{
    x = 0.0;
}

CMyView::~CMyView()
{
}

BOOL CMyView::PreCreateWindow(CREATESTRUCT& cs)
{
    // TODO: Modify the Window class or styles here by modifying
    //  the CREATESTRUCT cs

    return CView::PreCreateWindow(cs);
}

/////////////////////////////////////////////////////////////////////////////
// CMyView drawing

void CMyView::OnDraw(CDC* pDC)
{
    CMyDoc* pDoc = GetDocument();
    ASSERT_VALID(pDoc);

    const double pi=3.1415926535;
    double theta, length=900.0, a, b, m;
    char buffer[10];

    pDC->SetMapMode(MM_LOMETRIC);
    pDC->SetViewportOrg(19, 600);
```

```
    CPen myPen(PS_SOLID, 5, RGB(255,0,0));
    CPen* pOldPen = pDC->SelectObject(&myPen);
    pDC->MoveTo(0, 0);
    pDC->LineTo(5000, 0);
    pDC->SelectObject(pOldPen);

    for (theta=2.0*pi/3.0; theta<4.0*pi/3.0; theta+=pi/1000.0)
        pDC->SetPixel(5000+int(1000.*cos(theta)), int(1000.*sin(theta)), RGB(0,255,0));

    for (theta=-pi/3.0; theta<pi/3.0; theta+=pi/1000.0)
        pDC->SetPixel(3000+int(1000.*cos(theta)), int(1000.*sin(theta)), RGB(0,255,0));

    CPen myPen2(PS_SOLID, 1, RGB(0,255,0));
    CPen* pOldPen2 = pDC->SelectObject(&myPen2);
    pDC->MoveTo(3000+int(1000.0*cos(pi/3.0)), int(1000.0*sin(pi/3.0)));
    pDC->LineTo(5000+int(1000.0*cos(2.0*pi/3.0)), int(1000.0*sin(2.0*pi/3.0)));
    pDC->MoveTo(3000+int(1000.0*cos(-pi/3.0)), int(1000.0*sin(-pi/3.0)));
    pDC->LineTo(5000+int(1000.0*cos(4.0*pi/3.0)), int(1000.0*sin(4.0*pi/3.0)));
    pDC->SelectObject(pOldPen2);

    CPen myPen3(PS_SOLID, 9, RGB(0,0,255));
    CPen* pOldPen3 = pDC->SelectObject(&myPen3);
    pDC->MoveTo(int(x),0);
    pDC->LineTo(int(x),length);
    a = 4000.0-x;
    b = -(1000.0*(4000.0-x)/(5000.0-x));
    m = -(1000.0/(5000.0-x));
    pDC->MoveTo(int(4000+b),0);
    pDC->LineTo(int(4000+b),int(-length*m));
    pDC->SelectObject(pOldPen3);

    pDC->SetTextAlign( TA_CENTER+TA_TOP );
    sprintf(buffer, "m=%lf", m);
    pDC->TextOut(int(4000+b), -2, buffer);
}

//////////////////////////////////////////////////////////////////////////////
```

```
// CMyView printing

BOOL CMyView::OnPreparePrinting(CPrintInfo* pInfo)
{
    // default preparation
    return DoPreparePrinting(pInfo);
}

void CMyView::OnBeginPrinting(CDC* /*pDC*/, CPrintInfo* /*pInfo*/)
{
    // TODO: add extra initialization before printing
}

void CMyView::OnEndPrinting(CDC* /*pDC*/, CPrintInfo* /*pInfo*/)
{
    // TODO: add cleanup after printing
}

/////////////////////////////////////////////////////////////////////////////
// CMyView diagnostics

#ifdef _DEBUG
void CMyView::AssertValid() const
{
    CView::AssertValid();
}

void CMyView::Dump(CDumpContext& dc) const
{
    CView::Dump(dc);
}

CMyDoc* CMyView::GetDocument() // non-debug version is inline
{
    ASSERT(m_pDocument->IsKindOf(RUNTIME_CLASS(CMyDoc)));
    return (CMyDoc*)m_pDocument;
}
#endif //_DEBUG
```

```
///////////////////////////////////////////////////////////////////////////
// CMyView message handlers

void CMyView::OnKeyDown(UINT nChar, UINT nRepCnt, UINT nFlags)
{
    switch ( nChar )
    {
        case VK_LEFT:
            x -= 10.0;

            if ( x<0.0 )
                x = 0.0;

            break;

        case VK_RIGHT:
            x += 10.0;

            if ( x>4000.0 )
                x = 4000.0;

            break;

        case VK_ESCAPE:
            exit( 1 );
    }

    Invalidate();

    CView::OnKeyDown(nChar, nRepCnt, nFlags);
}
```

8.2.4 실행 결과

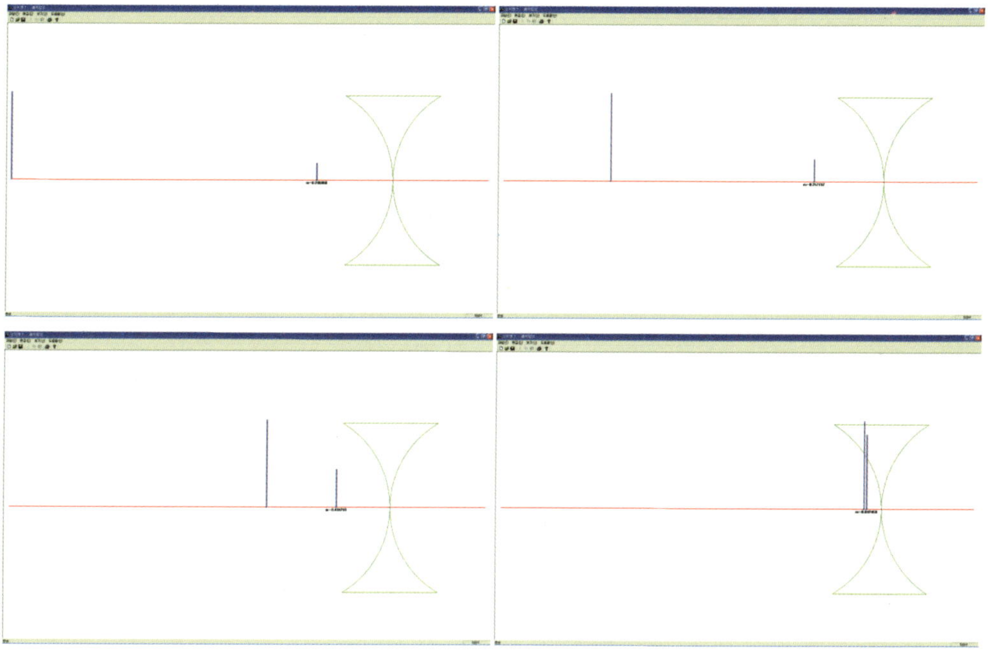

8.3 볼록렌즈

8.3.1 이론

$n = 1.5$이고 $r_1 = r_2 = 1000$인 경우에 촛점거리는

$$f = \frac{1}{(1.5-1)\left(\frac{1}{1000} + \frac{1}{1000}\right)} = 1000$$

이다.

렌즈의 중심의 좌표가 3000 이면 [50]은

$$\frac{1}{3000-x}+\frac{1}{b}=\frac{1}{1000}$$

이다. 이것을 풀면

$$b=\frac{1000(3000-x)}{2000-x}$$

이다.

배율은

$$m=\frac{1000}{2000-x}$$

이다.

8.3.2 볼록렌즈 View.h 소스 코드

```
// 볼록렌즈 View.h : interface of the CMyView class
//
/////////////////////////////////////////////////////////////////////////////

#if !defined(AFX_VIEW_H__7E414DB5_DCB6_4E7E_A2E8_5F781C766DFF__INCLUDED_)
#define AFX_VIEW_H__7E414DB5_DCB6_4E7E_A2E8_5F781C766DFF__INCLUDED_

#if _MSC_VER > 1000
#pragma once
#endif // _MSC_VER > 1000


class CMyView : public CView
{
protected: // create from serialization only
	CMyView();
```

```
    DECLARE_DYNCREATE(CMyView)

// Attributes
public:
    CMyDoc* GetDocument();

    double x;

// Operations
public:

// Overrides
    // ClassWizard generated virtual function overrides
    //{{AFX_VIRTUAL(CMyView)
    public:
    virtual void OnDraw(CDC* pDC);  // overridden to draw this view
    virtual BOOL PreCreateWindow(CREATESTRUCT& cs);
    protected:
    virtual BOOL OnPreparePrinting(CPrintInfo* pInfo);
    virtual void OnBeginPrinting(CDC* pDC, CPrintInfo* pInfo);
    virtual void OnEndPrinting(CDC* pDC, CPrintInfo* pInfo);
    //}}AFX_VIRTUAL

// Implementation
public:
    virtual ~CMyView();
#ifdef _DEBUG
    virtual void AssertValid() const;
    virtual void Dump(CDumpContext& dc) const;
#endif
protected:

// Generated message map functions
protected:
    //{{AFX_MSG(CMyView)
    afx_msg void OnKeyDown(UINT nChar, UINT nRepCnt, UINT nFlags);
    //}}AFX_MSG
    DECLARE_MESSAGE_MAP()
```

```
};

#ifndef _DEBUG  // debug version in 볼록렌즈View.cpp
inline CMyDoc* CMyView::GetDocument()
   { return (CMyDoc*)m_pDocument; }
#endif

/////////////////////////////////////////////////////////////////////////////

//{{AFX_INSERT_LOCATION}}
// Microsoft Visual C++ will insert additional declarations immediately before the pre-
vious line.

#endif // !defined(AFX_VIEW_H__7E414DB5_DCB6_4E7E_A2E8_5F781C766DFF__INCLUDED_)
```

8.3.3 볼록렌즈View.cpp 소스 코드

```
// 볼록렌즈View.cpp : implementation of the CMyView class
//

#include "stdafx.h"
#include "볼록렌즈.h"

#include "볼록렌즈Doc.h"
#include "볼록렌즈View.h"

#include <math.h>

#ifdef _DEBUG
#define new DEBUG_NEW
#undef THIS_FILE
static char THIS_FILE[] = __FILE__;
#endif

/////////////////////////////////////////////////////////////////////////////
```

```
// CMyView

IMPLEMENT_DYNCREATE(CMyView, CView)

BEGIN_MESSAGE_MAP(CMyView, CView)
    //{{AFX_MSG_MAP(CMyView)
    ON_WM_KEYDOWN()
    //}}AFX_MSG_MAP
    // Standard printing commands
    ON_COMMAND(ID_FILE_PRINT, CView::OnFilePrint)
    ON_COMMAND(ID_FILE_PRINT_DIRECT, CView::OnFilePrint)
    ON_COMMAND(ID_FILE_PRINT_PREVIEW, CView::OnFilePrintPreview)
END_MESSAGE_MAP()

/////////////////////////////////////////////////////////////////////////////
// CMyView construction/destruction

CMyView::CMyView()
{
    x = 0.0;
}

CMyView::~CMyView()
{
}

BOOL CMyView::PreCreateWindow(CREATESTRUCT& cs)
{
    // TODO: Modify the Window class or styles here by modifying
    //  the CREATESTRUCT cs

    return CView::PreCreateWindow(cs);
}

/////////////////////////////////////////////////////////////////////////////
// CMyView drawing

void CMyView::OnDraw(CDC* pDC)
```

```
{
    CMyDoc* pDoc = GetDocument();
    ASSERT_VALID(pDoc);

    const double pi=3.1415926535;
    double theta, length=500.0, a, b, m;
    char buffer[10];

    pDC->SetMapMode(MM_LOMETRIC);
    pDC->SetViewportOrg(19, 600);

    CPen myPen(PS_SOLID, 5, RGB(255,0,0));
    CPen* pOldPen = pDC->SelectObject(&myPen);
    pDC->MoveTo(0, 0);
    pDC->LineTo(5000, 0);
    pDC->SelectObject(pOldPen);

    for (theta=2.0*pi/3.0; theta<4.0*pi/3.0; theta+=pi/1000.0)
        pDC->SetPixel(4000+int(1000.*cos(theta)), int(1000.*sin(theta)), RGB(0,255,0));

    for (theta=-pi/3.0; theta<pi/3.0; theta+=pi/1000.0)
        pDC->SetPixel(4000+int(1000.*cos(theta)), int(1000.*sin(theta)), RGB(0,255,0));

    CPen myPen2(PS_SOLID, 9, RGB(0,0,255));
    CPen* pOldPen2 = pDC->SelectObject(&myPen2);
    pDC->MoveTo(int(x),0);
    pDC->LineTo(int(x),length);
    a = 3000.0-x;
    b = (1000.0*(3000.0-x)/(2000.0-x));
    m = 1000.0/(2000.0-x);
    pDC->MoveTo(int(3000-b),0);
    pDC->LineTo(int(3000-b),int(-length*m));
    pDC->SelectObject(pOldPen2);

    if ( m<0.0 )
    {
        pDC->SetTextAlign( TA_CENTER+TA_TOP );
        sprintf(buffer, "m=%lf", m);
```

```
        pDC->TextOut(int(3000-b), -2, buffer);
    }
    else
    {
        pDC->SetTextAlign( TA_CENTER+TA_BOTTOM );
        sprintf(buffer, "m=%lf", m);
        pDC->TextOut(int(3000-b), 2, buffer);
    }
}
/////////////////////////////////////////////////////////////////////////////
// CMyView printing

BOOL CMyView::OnPreparePrinting(CPrintInfo* pInfo)
{
    // default preparation
    return DoPreparePrinting(pInfo);
}

void CMyView::OnBeginPrinting(CDC* /*pDC*/, CPrintInfo* /*pInfo*/)
{
    // TODO: add extra initialization before printing
}

void CMyView::OnEndPrinting(CDC* /*pDC*/, CPrintInfo* /*pInfo*/)
{
    // TODO: add cleanup after printing
}

/////////////////////////////////////////////////////////////////////////////
// CMyView diagnostics

#ifdef _DEBUG
void CMyView::AssertValid() const
{
    CView::AssertValid();
}

void CMyView::Dump(CDumpContext& dc) const
```

```
{
    CView::Dump(dc);
}
CMyDoc* CMyView::GetDocument() // non-debug version is inline
{
    ASSERT(m_pDocument->IsKindOf(RUNTIME_CLASS(CMyDoc)));
    return (CMyDoc*)m_pDocument;
}
#endif //_DEBUG

/////////////////////////////////////////////////////////////////////////////
// CMyView message handlers

void CMyView::OnKeyDown(UINT nChar, UINT nRepCnt, UINT nFlags)
{
    switch ( nChar )
    {
        case VK_LEFT:
            x -= 10.0;

            if ( x<0.0 )
                x = 0.0;

            break;

        case VK_RIGHT:
            x += 10.0;

            if ( x>3000.0 )
                x = 3000.0;

            break;

        case VK_ESCAPE:
            exit( 1 );
    }

    Invalidate();
```

```
    CView::OnKeyDown(nChar, nRepCnt, nFlags);
}
```

8.3.4 실행 결과

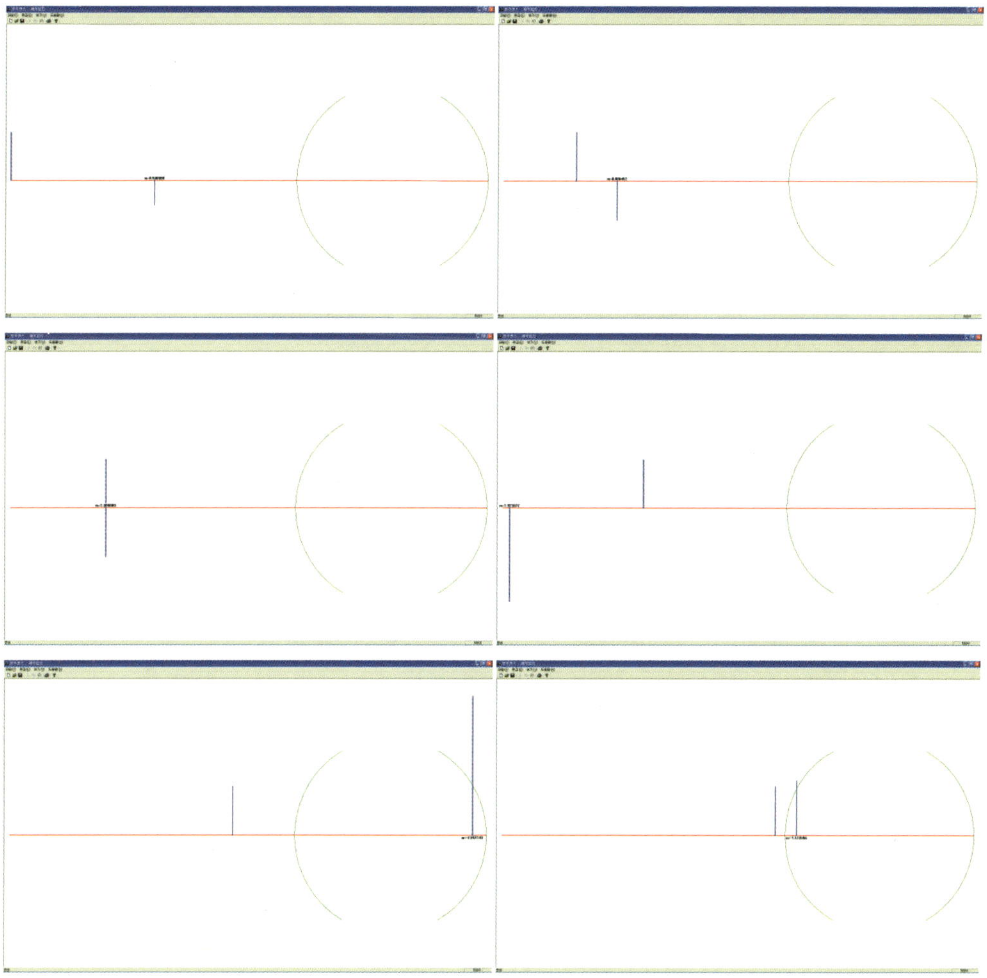

목록 A 이 책을 집필하는 데 도움을 준 자료들

★ 책

원제목	지은이	번역판 제목	옮긴이
Advanced Engineering Mathematics	Erwin Kreyszig		
Classical Electrodynamics	John David Jackson		
Electromagnetic Fields	Roald K. Wangsness	전자기학	강우형, 엄정인, 강주상, 김인묵
Essential Mathematical Methods for Physicists	Hans J. Weber, George B. Arfken		
Introduction to Electrodynamics	David Jeffrey Griffiths		
Mathematical Methods in the Physical Sciences	Mary L. Boas	수리물리학	강주상

목록 B 필자가 지금까지 집필한 책들

순서	제 목	출간일	특 징
1	Visual C++ 6.0 으로 구현하는 수치해석	2001.03	
2	Visual C++ 6.0 으로 구현하는 기초적 물리현상 시뮬레이션	2001.05	
3	디지탈 사운드와 디지탈 음악 구현에 중점을 둔 Mathematica 4	2001.10	
4	Visual C++ 6.0 으로 구현하는 정전기학, 기하광학, 기초적인 3 차원 컴퓨터 그래픽	2001.11	
5	Visual C++ 6.0 으로 구현하는 수치해석학 2002	2002.01	
6	Visual C++ 6.0 으로 구현하는 기초적 물리현상 모의실험 2002	2002.01	
7	초보자를 위한 푸리에 해석학	2002.03	
8	원주율에 대한 수학자들의 열정과 C/C++ 언어로 도전하는 원주율 계산	2002.04	
9	물리학(Physics)과 생리학(Physiology)으로 풀어가는 음악(Music)의 신비	2002.08	
10	Java 언어로 구현하는 수치해석학	2002.08	

순서	제 목	출간일	특 징
11	Visual C++ 6.0 으로 구현하는 수치해석학 2003	2003.01	
12	고속 푸리에 변환(Fast Fourier Transform)으로 구현하는 무한정밀도(Infinite Precision)	2003.03	
13	물리학자 푸리에와 고속 푸리에 변환	2003.08	2004 년도 문화관광부 추천 우수학술도서
14	Visual C++ 6.0 과 GNU 컴파일러로 구현하는 수치해석학 2004	2004.02	
15	Visual C++ 6.0 과 GNU 컴파일러로 구현하는 수치해석학 2005	2005.03	
16	통계분포 모의실험과 Mersenne twister	2005.06	
17	셈틀에서 태어난 수치해석학 기본판 셈틀에서 태어난 수치해석학 완전판	2008.05	
18	Visual C++ 6.0 으로 구현한 전산물리학	2008.06	
19	화음의 신비	2008.08	
20	Visual C++ 6.0 으로 구현한 3 차원 컴퓨터 그래픽	2008.09	

Visual C++ 6.0으로 구현한

정전기학과 기하광학

2008년 10월 1일 초판 인쇄
2008년 10월 10일 초판 발행

저 자 / 최행진
발행자 / 오판근
발행처 / 교우사

주 소 / 서울 동대문구 제기2동 148-19
전 화 / 925-2861(대), 편집부 / 925-2825
팩 스 / 925-2860
E-mail / kw2861 @ empal.com
http: // www. kyowoo. co. kr
등록 / 1994. 3. 24 제6-0256호

ISBN 978-89-8172-765-9 (93420)

값 **15,000**원